故事趣編

东亚减贫示范合作技术援助项目

故事选编

中国国际扶贫中心 编

企业管理出版社
ENTERPRISE MANAGEMENT PUBLISHING HOUSE

图书在版编目（CIP）数据

东亚减贫示范合作技术援助项目故事选编/中国国际扶贫中心编.—北京：企业管理出版社，2021.12
ISBN 978-7-5164-2539-8

Ⅰ.①东… Ⅱ.①中… Ⅲ.①扶贫—案例—东亚 Ⅳ.① F113.9

中国版本图书馆 CIP 数据核字（2021）第 258056 号

书　　名：	东亚减贫示范合作技术援助项目故事选编
作　　者：	中国国际扶贫中心
责任编辑：	尚元经　郑小希
书　　号：	ISBN 978-7-5164-2539-8
出版发行：	企业管理出版社
地　　址：	北京市海淀区紫竹院南路17号　　邮编：100048
网　　址：	http://www.emph.cn
电　　话：	编辑部（010）68414643　发行部（010）68701816
电子信箱：	qiguan1961@163.com
印　　刷：	北京市密东印刷有限公司
经　　销：	新华书店
规　　格：	165毫米×230毫米　16开本　11印张（彩插1印张）　146千字
版　　次：	2021年12月第1版　2021年12月第1次印刷
定　　价：	88.00元

版权所有　翻印必究·印装错误　负责调换

编写组

谭卫平	常怀琛	卢立群	赵美艳	周　梁
刘小林	袁　刚	周冰娇	张馨月	李　惠
侯富堂	向　维	汤闻博	覃冠学	黄灿滨
覃延学	范西宁	罗凤宽	李祥平	罗　剑
黄东河	农名迎	罗林敏	姚　倩	李点斌
杨　漪	许雯莉			

东亚减贫示范合作技术援助项目故事选编

▼柬埔寨项目村贫困户原来破旧的住房

▼柬埔寨项目援建翻修的住房

◀柬埔寨项目村农户原来储水用的水缸

▼柬埔寨项目村中国援建供水主塔

东亚减贫示范合作技术援助项目故事选编

▼ 柬埔寨项目村村民终于喝上了自来水

▲ 柬埔寨项目对项目村民进行中餐实用技能培训

▼ 柬埔寨项目洗洁精加工培训学员合影

东亚减贫示范合作技术援助项目故事选编

▲ 老挝通伦总理（现为总书记）（前排中）到版索村调研与村民合影留念

◀ 老挝村民用投豆子的方式投票村里做什么项目

▼ 老挝版索村织布示范户展示其产品和销售收入

东亚减贫示范合作技术援助项目故事选编

▲老挝版索村年久失修的木桥

▶老挝版索村新建桥梁工程，解决了长期困扰村民的出行难问题

◀老挝象龙村村民投工投劳铺设水管

▼通往老挝象龙村卫生室的新路

▼通往老挝象龙村卫生室的旧路

东亚减贫示范合作技术援助项目故事选编

▲示范合作技术援助项目（缅甸部分）启动仪式

▼项目得到缅甸项目村民热烈欢迎和支持

东亚减贫示范合作技术援助项目故事选编

▼缅甸项目村曾经泥泞的道路

▼缅甸项目村修建好的村内道路

◀小同学搬进新教室的喜悦

▲缅甸项目村曾经的教室

▼缅甸项目村修建好的社区活动中心

东亚减贫示范合作技术援助项目故事选编

◀ 中国代表和柬埔寨、老挝、缅甸代表在老挝出席东亚减贫示范合作技术援助项目启动仪式

▶ 中国国际扶贫中心项目检查团在柬埔寨项目村考察

◀ 中国国际扶贫中心项目检查团走访在柬埔寨项目村援建的房屋

东亚减贫示范合作技术援助项目故事选编

▼ 老挝版索村的自来水入户了

▼ 中国国际扶贫中心项目检查团在老挝参加村民组织的感谢中国援助的传统仪式

▼ 中国国际扶贫中心项目检查团在缅甸项目村与村民座谈

▶ 中国国际扶贫中心项目检查团在缅甸敏彬村

前　言

2014年11月，李克强总理在出席第17次东盟与中日韩（10+3）领导人会议上提出"东亚减贫合作倡议"，表示中方愿与东亚欠发达国家加强减贫合作，建立东亚减贫合作示范点，从而深化减贫区域合作，打造命运共同体。为落实李克强总理提出的"东亚减贫合作倡议"，中国政府从2017年7月至2021年3月，分别在老挝、柬埔寨、缅甸的6个村实施了东亚减贫示范合作技术援助项目。

该项目是中国第一个村级减贫援外项目，援助总金额1亿元人民币，通过示范中国以政府主导、群众参与为基础的"整村推进"和精准扶贫模式，因地制宜，因贫施策，以项目社区存在问题和发展需求为导向，开展社区减贫活动，改善社区生产生活条件，增强社区自我发展能力，构建社区尤其是贫困户多样化的增收途径，为东亚国家的减贫、改善民生提供示范。

项目由国家乡村振兴局（原国务院扶贫办）牵头组织实施。中国国际扶贫中心会同有关单位和专家进行项目设计，并协助商务部国际经济合作事务局开展项目管理。广西外资扶贫项目管理中心、四川省扶贫开发局项目中心、云南省国际扶贫与发展中心具体实施项目的老挝、柬埔寨和缅甸部分。

在各方的共同努力下，项目已顺利完成并取得了丰硕成果，得到了中外各有关方面的充分肯定，产生了积极的示范效果。2020年11月，李克强总理在出席第23次东盟与中日韩（10+3）领导人会议上提出，中方愿实施"东亚减贫合作倡议二期"项目，实现地区协调发展。

在项目准备和实施过程中，我方人员克服经验不足、国情差异、语言文化障碍、热带疾病、新冠疫情、远离亲人等种种困难，努力适应环境，积极沟通协调，全力推进工作，用他们的艰苦努力和牺牲奉献，保证了项目取得圆满成功。

本书讲述了项目准备和实施过程中许多感人故事，还原了项目人员走过的艰辛历程和所取得的丰硕成果，展现了中国援外工作者的良好风采和优秀品格。

目 录

柬埔寨篇

第一个关口是语言 / 004

心里的落差有点大 / 008

初识柬埔寨 / 012

有多少梦想可以成真 / 016

喝雨水的日子翻篇儿了 / 021

中国专家带来了勤劳致富观念 / 027

有一份牵挂来自远方 / 033

不能让上拉扎娜失望 / 038

你们的工作值得满分 / 041

东亚减贫示范合作技术援助项目故事选编

老挝篇

扶贫元老接了个"急活儿" / 050

中国通的老语翻译 / 052

"小伙子"心头的牵挂 / 054

把双方绑到一块儿干 / 056

选村民呼声最高的事情做 / 058

扶持谁，谁来扶，怎么扶？ / 064

"整村推进"才能起到示范作用 / 067

你好，阿覃 / 072

疫情之下坚守的"三条汉子" / 082

疫情之下的项目 / 085

阿安打来了视频电话 / 090

老挝，让我仔细看看你 / 094

目 录

缅甸篇

"终于把你们盼来了" / 099

内比都在哪 / 103

两个深度贫困村 / 109

"这里将成为缅甸最美丽的村庄" / 115

"我爸爸是国际扶贫专家" / 119

痛苦的磨合 / 125

从小到大的故事讲了四遍 / 131

一段"绿野仙踪"的视频 / 135

那几个合作伙伴 / 142

在缅甸过泼水节 / 145

我的家乡成了形象示范村 / 148

疫情暴发的日子里 / 154

"我怎么去内比都?" / 161

柬埔寨篇

柬埔寨篇

柬埔寨王国旧称高棉，位于中南半岛，西部及西北部与泰国接壤，东北部与老挝交界，东部及东南部与越南毗邻，南部则面向暹罗湾。柬埔寨领土为碟状盆地，三面被丘陵与山脉环绕，中部为广阔而富庶的平原，占全国面积四分之三以上，境内有湄公河和东南亚最大的淡水湖——洞里萨湖，首都金边。

柬埔寨是个历史悠久的文明古国，于公元1世纪下半叶建国，公元9世纪至14世纪吴哥王朝为鼎盛时期，国力强盛，文化发达，创造了举世闻名的吴哥文明。

吴哥寺是世界上最大的宗教遗址，也是柬埔寨的国家符号。吴哥寺也被称为吴哥窟，在吴哥寺身后的热带丛林里，遍布着超过600座建筑遗址，他们共同组成了世界上曾经最大的城市。公元8世纪高棉人开始打造傲视世界的文明，他们用砖石建造庙宇和宫殿，在这些奇迹般的建筑上，向心中的神"奉上帝国和信仰"。

柬埔寨是一个多灾多难的国家，近代以来被殖民统治近百年，独立后又历经战争和动荡；1991年《巴黎和平协定》签署后，才真正走上和平、独立、中立的发展道路。

虽然世界银行宣布，从2016年7月1日起，柬埔寨正式脱离最不发达国家行列，但它仍是东盟最贫穷国家之一。这个传统农业国还没有完全摆脱战争的创痛，它几乎没有工业，教育落后，贫富差距大，基础设施不全，只能生产最基本的生活用品，对外援极其依赖。

从2016年起，自身扶贫任务繁重的四川承接了援助柬埔寨项目。柬埔寨国土面积181035平方公里，是天府之国的三分之一强；柬埔寨人口1600万，比成都人口略少一点。

第一个关口是语言

在四川省扶贫开发局项目中心，项目处长刘小林是最早接触柬埔寨项目的。刘小林1991年就进入扶贫系统工作，曾担任南充地区扶贫办项目科科长，1997年调到省扶贫办。

东亚减贫示范合作项目的三个国家刘小林都跑过，与缅甸、老挝相比，在柬埔寨合作减贫，要承受特别的困窘和压力。

可研报告是由其他单位做的，"所以这个项目我们是中途进来的，前期的准备工作没有参与。"刘小林介绍说，"实际执行时，由于当地现实客观条件及受援方意愿的变化，原规划的饮水、房屋底层改造和增收等项目推进起来困难，最后是对方案进行调整后执行的。"

此外，在柬埔寨实施合作减贫项目还面临着土地私有化、失地农户、高物价和绕不开的"小费"等等一系列棘手的难题。

要过的第一个关口是语言。

2016年11月26日，刘小林赴柬进行项目实施协议商谈，实地考察项目村，并代表中方实施单位与柬方商谈项目合作实施方案。那时，他的身份是中方联络员。柬方派出的联络员是维西，他在柬埔寨农村发展部的职务是司长助理。中柬两位联络员日常靠微信交流，刘小林在微信上写一句中文，按键转换成英语，维西写英文，在微信上转换成汉语。

刘小林急需一个专职且能随专家组外派的高级英语翻译。

成都女孩张馨月当时正在英国读研即将毕业，一边写论文一边四处

柬埔寨篇

投送求职简历。

双方一拍即合，入职前，张馨月就在英国远程参与了中柬公文往来和在线沟通。实际上，这也是四川省扶贫开发局项目中心对她综合能力的考察过程。

刘小林看好张馨月扎实的语言功底和勤勉的做事态度。张馨月也为走出校门的这一份颇具挑战意味的工作兴奋不已，很快就在网上通过了面试。

鉴于此前专家组几番功败垂成的物色人选经历，刘小林惴惴不安，一遍遍问张馨月："你家长同意么？要是家里人同意就定下来，你赶紧回国。"

小张回答很笃定："我妈妈觉得这个政府间合作项目挺正规的，她觉得很好。"于是，张馨月出任了专家组英语译员，她的毕业论文最终还是在柬埔寨完成的。第一次踏上工作岗位的张馨月全程参与了第一批、第二批专家组驻外工作，历时三年。为此，姑娘也付出了情感代价。某日，在金边，张馨月找到刘小林请求批准她一天假期，刘小林问："为什么？"姑娘坦言："失恋了，疗伤。"

刘小林说，柬埔寨农村发展部官员的素质都不错，县以上干部都能用英语交流。中柬联合项目办的柬方成员有不少"海归"，农村发展部农经司办公室副主任玛尼留学韩国，财务处副处长李亥曾到新西兰进修，农经司司长皮舒特是留学菲律宾的博士。与中国专家打交道最多的农经司副司长真田曾在NGO供职，挣着一份高薪。柬埔寨的风俗是"男嫁女"。真田结婚后，岳父大人说，一家人光挣钱也不行，你到政府部门去谋求发展吧，他便奉老泰山之命考入了农村发展部。

专家组第一次进村是皮舒特司长陪着去的，一进村就遇到了语言障碍。刘小林说中文，张馨月译成英语说给皮舒特，皮舒特再用柬语说给农户，农户的应答又要经历一个柬—英—中的流程，沟通成本太高，语意流失太大。

虽然张馨月到金边后开始学习柬语，但远水不解近渴，刘小林下决心再找一个中柬双语翻译。

当下的行情是，中柬双语人才格外抢手，从生产线上的工人到公司职员，只要会说一点汉语，工资立马涨上去。张馨月说，譬如司机吧，一般月薪只有200多美元，只要会说汉语，月薪至少翻番，高的能达600多美元。

专家组先找到一位曾在中国留学的警官学院教员，但后来中柬举行军事演习，他作为汉语人才被抽调到国防部去了；再觅得一位华裔老太太，但可能是下乡劳累，干了一段时间人家也告辞了。

"众里寻他千百度，蓦然回首"，那人却在山东济南府。这时候，专家组捡到了一个"宝"——周冰娇。周冰娇出生在广西贺州一个小山村，瑶族，在广西民族大学选修了柬埔寨语，而后到金边皇家大学留学，毕业后在金边的中国公司里做了6年翻译。专家组找到周冰娇的时候，她正在山东婆家带孩子。因为先生在柬埔寨做生意，她满心欢喜地带着孩子、婆婆飞到金边，边工作，边团聚。

用刘小林的话说，周冰娇的加盟让专家组"如虎添翼"。

张馨月说，在金边购物，说柬语正常交易；说英语，就要被宰；说中文，卖家一定"痛下杀手"。周冰娇在金边待了那么多年，柬语已经成了本能反应，她的到来，让连乘嘟嘟车都不会讲价的中国专家结束了出门就挨宰的历史，开始享受"国民待遇"。周冰娇在当地朋友多，过去专家组跑断腿的事，她往往一个电话就搞定了。更重要的是，从此专家组在项目点上，有了交心的农户朋友。

从2018年5月到项目结束，周冰娇在专家组工作了两年零八个月。

因为是从小山村走出来的，周冰娇难免会把项目点上贫困户状况和家乡做一点比较。她说，相对而言，中国的贫困户做事情比较勤劳，改变命运的愿望也更强烈一些。柬埔寨的贫困户似乎更容易随遇而安，可

柬埔寨篇

能是因为长期看不到摆脱贫困的路径。

回国后，项目村农户和周冰娇的联系就没断过。脸书上有一个媒体平台，专门报道中国的新闻，更侧重报道中国的扶贫成就。项目点上的小姐妹时常会问周冰娇，那些是不是真的？中国的物产怎么那么丰富？橘子、苹果、葡萄漫山遍野，是不是中国的土壤好啊？

有时，周冰娇也会和她们聊到栽培技术、养殖技术的差距和水利灌溉系统的完善程度。

周冰娇说，柬埔寨农村也有一些水库、水坝，那是20世纪八九十年代留下来的，那时候他们也学中国兴修水利。像她这个年纪还有一点记忆，陈永贵曾到柬埔寨去访问过，红色高棉时期，对农业学大寨口号也比较推崇，零星兴建了一些水利灌溉设施。而说起两国农村贫困程度的差异，柬埔寨的贫困程度可能更深，脱贫难度也更大一些。

东亚减贫示范合作技术援助项目故事选编

心里的落差有点大

2017年7月30日，刘小林率第一批专家抵达柬埔寨金边，专家组成员有统计师侯富堂、供水专家向维和英文译员张馨月。先期到达的中国国际扶贫中心项目官员周梁，中国互联网新闻中心工作人员郜玉至与他们在金边会合。

刘小林领衔的专家组成员大都比较年轻。来自四川省青川县扶贫移民局的副局长侯富堂出生于1986年，此前是四川省平昌县某水库管理站站长的向维出生于1988年，刚从英国留学归来的张馨月是应届毕业生。

时值雨季，飞临金边上空，侯富堂从舷窗向下望去，映入眼帘的是一片泽国。

金边这座城市给几位专家的初始印象是喧闹繁忙、灼热躁动，街上车流混杂拥堵，狭窄的人行道上随意堆积着建筑垃圾，街上显得灰扑扑。

柬埔寨农村发展部农经司为中国专家组腾出一处办公区。那是一个过道，上班期间，不时有进出的人从背后走过。刘小林宽慰大家说，能挤出这么块地方已经很不容易了，没看到吗，农经司40多人办公的地方已经很局促了。

中柬合作减贫示范项目点距金边约40公里，位于干丹省莫穆坎普县斯瓦安普乡的谢提尔普洛斯村和斯瓦安普村，专家们后来直呼为"谢村""斯村"。两村比邻分布在261国道两旁。同全国一样，两个示范村属热带季风气候，年平均气温29～32℃，旱季和雨季明显：11～4

柬埔寨篇

月为旱季，缺水现象非常严重，导致每年至少有三个月左右的耕地荒废期；5～10月为雨季，雨季高峰形成一个常态化的水淹期。

2017年，两个示范村共有农户749户，3637人。

柬埔寨王国内政部每隔三年在农村评定一次贫困户，家庭总资产在100美元以下的为一级贫困户，总资产在100～150美元的为二级贫困户。按照这个标准，两个示范村共有一、二级贫困户113户549人，贫困发生率15.1%。

贫困户在相邻公立医院看病享受免费。新冠疫情期间，柬政府给每个贫困户发了一点钱。除此之外，就没有更多的优惠政策了。

虽然柬埔寨实行免费教育，但孩子入学还是要缴一点费用，加上书本等其他开支，多子女的贫困户就难以承受了，在农村青少年中，文盲还占一定比例。

8月10日，专家组与柬埔寨农村发展部农经司皮舒特司长一行前往项目村，查看饮水工程水源点及社区活动中心建设选址现场。就在那次实地查看中，专家组第一次走访了几家贫困户。屋里屋外看到的情景，远远超出他们的想象。令他们难以置信的是，竟有那么多村民还在过着近乎原始的生活。

张馨月说，每次进村，她宁愿仰望不愿低头，因为天空蔚蓝纯净，地面一片狼藉。

村民家家住的是高脚屋，有点类乎遍布渝东南及桂北、湘西、鄂西、黔东南地区的吊脚楼，只不过房舍规模要小很多，外观也简陋粗糙得多。墙面是竹木搭建的，好一点的人家会在墙面、屋顶蒙上铁皮，差一些的人家房顶用茅草或棕榈叶覆盖，看上去并不能遮风挡雨。侯富堂说，有的人家，透过房顶能看星星，外面下大雨，屋里下小雨。

踩着木梯拾级进屋，墙面醒目处张贴着照片，室内除了衣被和锅碗瓢盆别无长物。夜晚，一家人就在木条或者竹板铺设的楼板上席地而卧，连个床单都不铺。即使老少三代同堂，也是睡在一个通屋里，讲究一点的人家，会拉上一个布帘遮挡。

家徒四壁，一贫如洗。

尽管项目村多数农户可以使用电力电缆（其中谢村有74.9%，斯村有90.8%），但是贫困户普遍无力使用公共电源，只能通过蓄电池解决照明。中国专家走访下来得知，主要原因是他们支付不起大约160美元的电力接入费以及后续使用费。贫困户不得已选择购买一种15万瑞尔（约37.5美元）的蓄电池维系家用照明。麻烦的是，蓄电池每隔3天就需要到附近的市场上充电一次，每次花费约1500瑞尔（约0.375美元）。

走到室外看，家家屋檐下赫然排列着三五口水缸，那是用来承接雨水的，他们的生活用水就出自这些水缸。水面上，漂浮着虫子和苔藓。有条件的人家会买桶装水喝，但桶装水的水质也很差。

柬方干部介绍说，很多贫困户致贫的原因是失去了土地。遇到生病或者其他急需用钱的事情，他们能卖的只有土地。有的人家连宅基地都没有，投亲靠友，借一块地，建一间不到20平方米的小房子勉强栖身。

失地农民只能靠出去打工维持生计，挣钱买米，下河捉鱼，一天两餐，聊以充饥。清晨，打工者拎着一个塑料袋出门，袋子里装着一捧米饭，一点酸菜和两条小鱼干，那是他们自制的便当。

据统计，这些贫困户人均日消费不足一美元。柬埔寨物价并不低，2017年在金边吃一碗面条3.5美元，不到两年间，已经涨到5美元。在金边街头，中国专家端着那碗面，总会聊起国内10块钱一大碗的米粉。物价高企，农村贫困户承受着越来越大的压力。

据基线调查，2017年底，两村749家农户中，无土地农户占57%。2018年8月，联合项目办再次对113家贫困户进行核实，发现无土地户占比高达77%。

西哈努克港节节飙升的地价刺激着人们的神经，全国囤地成风，进一步拉大了贫富差距，也加剧了失地农民的痛楚。联合项目办柬方官员多次向中国专家提出，由于土地私有，贫困农户失地严重，发展产业很困难，能否用援助资金在项目村购买土地来发展产业或兴办工厂，以此增加贫困群众的就业机会和收入。

土地问题已成为柬埔寨减贫工作中面临的最大挑战，也迫使中柬合作项目在实施中不得不一次次做出调整。

最让中国专家意想不到的是项目点上基层干部和农户神情淡漠的距离感。很长一段时间，他们一直在揣摩，这几个中国人千里迢迢到我们村庄来，他们要干什么？

千百年来，这块土地上的人们简单复制着前辈的生产和生活方式，除了战乱，没有人能打扰他们平静的生活；除了寺庙里的暮鼓晨钟，他们还能躺在挂于两棵树之间的吊床上，从一悠一荡的闲适中寻找内心的安宁。

中国专家究竟能给他们的现世生活带来什么？能给这两个沉寂的村庄带来哪些变化？人们在观望。

好在时间不长，不过两三年；好在减贫合作示范项目都是围绕他们的衣食住行展开，变化不仅发生在身边，还发生在他们心里。

初识柬埔寨

2018年7月24日，袁刚率队飞赴柬埔寨，接替刘小林任第二批中方专家组组长、中柬联合办主任，继续执行援柬减贫项目。

袁刚也是个"老扶贫"。他1963年出生在四川省巴中市巴州区，1982年7月毕业于达州农学院茶果专业，当年8月分配到通江县农业局工作。1997年调到县扶贫办，2010年至2017年借调到省扶贫办，主要从事扶贫规划、策划和扶贫项目实施检查工作，2017年12月调入省扶贫开发局项目中心。前后加起来，袁刚在扶贫口摸爬滚打了20多年。

到了金边机场，第一个关口是办理落地签。虽然语言不通，好在旅客里中国人很多，袁刚随着人流径直来到专门办理落地签的窗口。手续费需要缴纳40美元，因为没有零钱，袁刚递上去50美元，等着找零10美元。谁知等了半天，人家一点找零的意思也没有。这时，一个排在后面的中国人附耳悄悄告诉他："不会找你的，他们会说没有零钱。"

第二道关口是过海关。袁刚把护照递给值守的海关人员，她一会儿就在护照上盖了章，然后拿着护照看着袁刚叽里呱啦说着什么，比划着手势。见袁刚没有什么反应，她压低声音用中文说："小费、小费。"

袁刚不明就里，暗自嘀咕着，为啥要"消费"？他没答话，就默默地看着她，僵持了一阵，女海关还是把护照还给袁刚，让他过了。事后有人告诉袁刚，按惯例，要在护照里夹上1美元的小费。

专家组后来才了解到，在柬埔寨不仅是机场收小费，做很多事情都

柬埔寨篇

要收小费,而且只要是中国人办事,必收小费。说来也是咎由自取,据说这是中国人惯出来的,因为不少中国人在柬埔寨遇到事情或者麻烦,常常直接砸钱摆平。柬埔寨官方、民间也默认这个习惯并一直因袭成风,俨然成了中国人在柬埔寨办事的一个不成文的惯例。

近年来,柬埔寨开放的经贸政策使其成为投资热土。前来的投资商遍及各行各业,从工厂、房地产、酒店餐饮、博彩业到个体经营的小本生意,无所不有。很多投资商为了迅速办妥各种手续,直接花钱"打通关系",贿赂官员,以减少麻烦。这些官员尝到甜头后,"小费习惯"就开始盛行。"人找对,钱到位"是在柬所有中国企业都知道的"潜规则"。

在本次减贫合作示范项目实施中,遇到跨部门协调,基本上就是拿钱办事。一些政府官员认为这个扶贫项目与其他中资企业一样,有利可图,不拿小费就不办事。比如供水工程设计图纸审批、涉及的三相电接入、铺设管道占地、施工占地、捐赠物资免税入关等,柬农林渔业部根本协调不下来,最终还是拿钱办事(图纸审批和开工令小费200美元、占地小费250美元);还有个别政府官员要求中方专家组给个人购买物品等等。柬埔寨内政部每三年评定一次贫困户,村长手里有份花名册,记录着总人口多少,一级贫困户多少,二级贫困户多少,姓甚名谁。基线调查需要这份资料,想要么?对不起,10美元。

韩国、日本在柬埔寨农村发展部也有项目,他们给相关人员发放补贴。农村发展部的干部工资不高,司长月薪300多美元,副司长200多美元。如果手上有三四个项目,补贴就是工资的两三倍。

中柬减贫示范合作项目没有给柬方人员开列固定补助工资,既没有交通补贴,也没有生活补贴。工作一旦启动,难题就接踵而来。陪你下乡?出差费拿来!

有时候实在没辙,中国专家只好自掏腰包。驻外期间,袁刚大致贴进去3000美元,刘小林待的时间短一点,贴的也略少一点。

在柬一些企业家说，柬埔寨人特别注重形式，有时候甚至形式大于内容。不管什么工程或者活动，都要搞一个仪式，把领导请过去亮亮相、讲讲话。柬埔寨官员是民选的，他们要在选区保持一定曝光度和出镜率，也乐于在这些场合现身。官员对这种场合格外重视，往往带着夫人出席，包里准备好小额现金，现场给民众分发一下，讨个皆大欢喜。

刘小林更愿意把这称为"仪式感"。大小项目开工竣工，培训项目开班结业都要举行仪式。有仪式就要恭请要员莅临，而且还要付出场费。援柬项目举行启动仪式时，对方开价是每个省部级官员出场费100美元。

"这还是友情价。"刘小林说，中资企业在柬项目多，举行仪式请官员站台，奉上一两千美元也是寻常事。问题是，这种政府间的合作项目，从哪开支这笔钱呢？

刚到柬埔寨的时候，年轻的中国专家的感觉是，柬方人员包括农户的态度都偏冷。他们的行事方式好像在说：这是你们中国人要干的事，我们是配合你们，是在帮你们做事。

说起刚到柬埔寨的那些日子，侯富堂和向维都认为，双方太缺乏了解了。他们不清楚我们要干什么，怎么干；我们也不了解他们的民风国情、干部作风和管理体制。

侯富堂说，在外扶贫和在国内工作差异太大了。在国内语言通、情况熟，上级一个指令，下面就会动起来，不折不扣执行；柬埔寨体制和我们不一样，无论是上级部门还是上级政府布置的事，到了基层未必推得动。

向维说，起初在村里开会，我们是要准备小礼物的，来参会的村民人手一份。没有礼物，情况就难说了。

这种不了解甚至包括穿衣的细节。

后来的刘小林清减了许多，2017年的时候，他还是个160多斤的胖子。溽热难当，刘小林穿着短裤、T恤去联合项目办上班，农村发展部

柬埔寨篇

官员通过专家组年轻人悄悄提醒他"注意一下形象"。刘小林闻言即刻行动，拉着中国国际扶贫中心的周梁陪他上街买了正装，而后每天穿得板板正正"周吴郑王"地出现在众人面前。

了解才有同理心，有同理心才能说到一块去。

"譬如通知召开村民大会吧，"张馨月说，"村干部特别发愁，因为他要挨家挨户上门去通知。我们说，有的村民有手机，可以电话通知啊。这时，村干部就会哭丧着脸说，话费太贵了。"

后来说起这件事，姑娘总会郑重其事缀上一句："柬埔寨的话费确实很贵。"

她的话让人想起20多年前的中国大陆，那时手机普及率还不是很高，即使城市居民也不是很舍得用手机打电话，遑论农村。

有多少梦想可以成真

刘小林、侯富堂、向维和张馨月第一次到项目点的时候，赶上一场雨，他们转身躲进农户家里避雨。雨越下越大，屋子里也滴滴答答水珠溅落，四个人撑起两把伞，蜷缩在角落里。

像这样房子不能挡风遮雨的农户还有很多。

刘小林说，农户住房格局多为竹木结构的高脚式房屋，用木柱撑起房屋，离地二米左右，上面住人，下部悬空处饲养鸡鸭、存放农具、停放车辆。穷人的住房只能用自然生长的竹子和茅草来搭建，约半数高脚屋用木板、铁皮做墙和屋顶，而另一半房屋建墙覆顶所用的材料多数为茅草。住房内，除了一些衣物、炊具之外基本上没什么家具，十分简陋。很多贫困户缺电、缺水、无厕、无圈，更谈不上什么生活卫生和环境卫生意识，人畜混居，生活废水直接排放，屋外周遭环境非常脏乱，公共卫生状况极差。

侯富堂说，有些贫困户房屋低矮，距地面很近，遇到大雨，家就被淹了，所以最初的计划是给贫困户进行房屋底部改造，加高、加固。

"从底层改造到兴建新房，这又是一个大的变动。"袁刚说。"那时候村子里面最早报的数据是一共有居民749多户，其中需要改造的有600多户。我们到村子里面调查，看到有的房子歪歪倒倒几乎不能住人了，陪同的柬埔寨农村发展部官员提出来，底层改造意义不大，能不能给他们重建房屋？"

"这就涉及项目安排和预算开支了。"，袁刚接着说，"我们把了

柬埔寨篇

解到的情况和柬方的意见向上级反映,期间的波折反复就不说了,反正最后终于批下来了,为项目点贫困户兴建新居。"

袁刚快人快语,讲述了一个贫困户实现"新居梦"的故事。

故事的主人公是 65 岁的毛德,他是斯瓦安普村的一个村民。毛德最怕下雨,因为他的房屋是用棕榈树、竹子、纱网一点点补起来的,根本挡不住雨。每当雷电交加的暴风雨袭来,全家只能抱在一起祈祷。

但下雨也有好处:外面的大水缸会满,他们就有水喝了,不用再去池塘挑水。

毛德时常憧憬有一个新家:不漏雨,孩子不会被虫咬,房屋再高些,以免屋下养的鸡一蹿就能进屋。他还想种点辣椒,这样就能有点活钱——当然,他知道,这也只是幻想而已。

让毛德想不到的是,2018 年 8 月的一天,他的梦想突然被点亮。

那天,中柬联合项目管理办公室的中方专家组来到毛德家里,问了很多很细的问题。毛德的回答也很详尽,叙述着生活的各种细节。

"我们全家有五口人,老伴大我 10 岁。我女儿现在一个人在金边打工,我们替她管两个孩子。养的鸡经常蹿到屋子里,屋子反倒成了鸡舍。家里除了衣服和锅、碗,最值钱的东西就是那个照明蓄电池了。我得三天就去集市充一次电,每次得花 1500 瑞尔(约 0.375 美元)……"

专家一边问,一边记录,现场就确定了房屋重建、修建厕所、解决照明电和饮水等帮扶措施。

看着这些中国人的眼睛,毛德感觉自己的希望来了。他筹了 350 美元,再加上项目资助的 830 美元,终于有钱翻修原来的房子了。

10 月 25 日,全金属结构的新房建成了。看着明亮的窗户,离地面近两米高的房间,毛德简直不敢相信自己的眼睛。

妻子陈伦对自己的新家摸了又摸,看了又看,她尤其喜欢站在外面端详:这栋房子太漂亮了!

11月29日，水泥厕所建成了。又过了3个月，陈伦在社区活动中心和其他村民一道排队领到了一个灶台和两个灶头。

解决了住房，专家组再次回访时，讨论的是如何帮助毛德家增收。由于毛德的亲戚可以提供空地，专家组便帮助毛德种植小米椒和养牛，让他参加技能培训，并安排他的女婿在供水工程中务工，解决收入问题。

两位老人感动极了："很多年以前，种辣椒就是我们的梦想，我们一定好好干，谢谢中国的兄弟姐妹帮助了我们。"

"像毛德这样的贫困户还有多少？从可研调查到项目启动过去三年了，需要重新摸底。"袁刚说。

八九月间的柬埔寨，酷热难当，袁刚和他的小伙伴们走进了斯瓦安普村。为防晒防虫，他们长衣长袖，头顶肩头还围着水布，挨家挨户地开展调查。看着中国专家在"蒸笼"里行走的身影，村民心头的疑惑渐渐融化开了。

此前，袁刚他们曾经召开过乡村干部会议，讨论农户生计和农户环境项目实施的可行性。当地干部提出了许多方案，但关于贫困户的具体情况，乡里还没有调查统计过。

"我们去摸摸底，这样心里才有数。"袁刚说。

专家分作两组，周冰娇精通柬语，带一组；聘请的当地司机小陈能说一些汉语，跟随袁刚为另一组。摸底工作繁难琐碎。他们走访全村，一户不落地询问、清点、登记，仔细核实。诸如每户每半年的收入支出，土地情况，产业发展情况，是否有意向发展产业，有多少子女，是否就学，学费多少，有多少劳动力，在外打工子女多久回来看望，家人的健康情况等等，都是专家组要了解的问题。

调查时，专家组带了一张大幅的白纸。7天之后，白纸上用不同颜色的笔绘制了项目村公路、桥梁、村民住房和每户人家的姓名，姓名用中文作了发音注释。然后，这张纸就贴在了专家组办公室最醒目的位置上。

柬埔寨篇

专家组最终摸清了情况：两个村共有贫困户136户，造成贫困的主要因素是严重缺乏卫生的饮用水；粮食安全问题没有得到解决（缺乏生产灌溉水保障、现有种植技术和品种不当、缺乏资金购买粮食、人口增长过快）；房屋破旧不堪，贫困户没有住房；贫困户普遍无力支付大约200美元的电力接入费，无法使用公共电力照明；失地贫困户数量较多；依赖薪柴作为基本生活能源等。

调查清楚后，专家组开始了有针对性的工作。他们为100户贫困户建设了厕所，82户贫困户接入了照明用电，500户农户每家发放了两个节柴灶和一个灶台，71个特困户重建了新房，190户房屋改建也陆续开工。

授人以鱼还要授人以渔。

专家组在收集信息的基础上，精准地分析了每个贫困户的致贫原因，一户一策对症下药，协调资源，为每户制定了细化的帮扶方案。

贫困户林沙仁有土地，房前屋后空地较多，专家组便安排他家种植小辣椒、发展庭院经济。专家组现场为他示范如何松土、除草、浇灌、施肥等，另外，还帮助他家改建了住房和厨房，新建了一个牛棚，种植了50平方米饲草发展养殖业。

贫困户上闪改善生活的愿望十分强烈，不怕辛劳自食其力。于是，联合项目办出资300美元，帮助他家在住房门口开办了一间小卖部，从乡镇的批发店采购一些日常生活用品和小零食出售。从此他家每月可以增加60至120美元的收入。

像林沙仁、上闪这样得到产业帮扶的贫困户，在当地多达数十户。

眼瞅着新房陆续建好完工，却发生了一段意想不到的小插曲。

那天，村里的人格外多，村民都站在新房外，一脸兴奋，但眼神却透露着犹豫和谨慎，谁也不肯搬进去。

"这是怎么回事？是不是他们不满意、有意见？"袁刚疑惑地问道。

斯村副村长说，村民们认为"这是中国人帮助我们建的新房，要经过他们的允许后才能住进去"。

袁刚听了很难受。他想，这是村民们对我们工作的认可，也是对我们的尊重。贫困群众特别需要他人的理解和认同，只有取得情感上的理解，才能"把好事办好"。他略带歉意地大声告诉村民："是我们没有讲清楚，新建的房屋就是你们自己的，不需任何人认可，只要你们满意，随时都可以住进去。"

村民们开心的笑容立即浮现在脸上，七嘴八舌说道"我终于住进了新房，是中国人帮我建的"。

2019年2月，中国专家组成员自己掏腰包120美元，购买了一些面包、饼干、饮料等简单食品，在斯村村长助理江拉家的院子里，组织了一场与村民的联欢活动，并邀请了农经司的官员、乡村干部参加。村民们跳起了当地的传统歌舞，对专家组说的最多的一句话就是，谢谢中国人的帮助。

一片喧闹中，袁刚发现乡长祝·丝蕾波女士激动地留下了眼泪。她说自己从来没有跟当地老百姓一起如此联欢过，也从来没有看到老百姓这样喜庆过。

袁刚感慨地说，我们把当地老百姓与国内老百姓一样真心对待，每周至少有3天时间到村里，与他们交心、交朋友，当他们发现你是真的为他们好，就会把想法和顾虑告诉你，这样不仅拉近了与当地群众的联系，也为当地官员上了生动的一课。一位村民说，在村子里我最想看到的人，就是你们几个中国人了，因为你们是真心实意地帮助我们。

柬埔寨篇

喝雨水的日子翻篇儿了

祖祖辈辈，谢村和斯村的农户主要靠承接屋檐流淌的雨水过日子。两个项目村最大的苦处是，严重缺乏稳定卫生的饮用水。到了旱季，饮水更加困难，村民们只能依赖雨水和湄公河支流在洪水期形成的溪沟水来解决人畜饮水问题。农户屋外那几口大水缸里储存的雨水，极不清洁、不卫生。调查显示，两个村的村民最大、最热切的愿望就是能够喝上清洁的饮用水。

中柬合作项目中，排在首位的是饮水工程。这也是项目中最大的一项惠及所有村民的民生工程。

中国专家刚到项目点的时候，发现那里有三处取水点，其中两处已经停工了，剩下一处建了个水塔，从河塘里抽水，未经任何处理就直供入村。当时竹木管道已经铺到村口，农户要把水引到家里，需缴纳75美元入户费，还要自己负担入户的材料费。

刘小林说，当时柬方提出，用现有的供水设施，由中方解决农户的入户费和一应材料。既然这样，我们就去现场查看。那时村里只有一家养鱼户引了水，我们去了一拧水龙头，不出水，于是就去那家水厂实地考察。水厂不让进门，农村发展部的维西不知想了什么办法进去了，结果还挨了狗咬。后来几经交涉，我们终于进厂去看，发现水塔只有15米高，经测算，水压明显不够，根本送不到两村农户家里，而且水质很差，达不到饮用标准。

向维说，可研报告形成的施工方案是从湄公河右岸引水，后来我们改为打井，变化非常大。变化的原因主要有两个。一是柬方提供不出水文资料。皮舒特司长说，柬埔寨从10年前才开始在主要河段建立观测口，现在地形图、水文资料都提交不了。为等水文资料拖了一年多，后来我们实在不能等了，这是老百姓最关心的项目，再拖就黄了。二是铺设引水管长达20公里，还要跨省，涉及方面太多，因为柬埔寨土地私有，工程线路不好协调。

刘小林说，放弃湄公河取水方案还有一个原因。河面漂浮物过多，河水大肠杆菌超标，铁含量也超标，遇到洪峰的时候水质更差，水抽上来再经过净化处理的话，投资更大。

改为打井取水方案后，也不是一帆风顺。首先，协调就是一个很难、很曲折的过程。而后，井打到七八十米深的时候，化验发现水含有砷，就是我们常说的砒霜。这种水灌溉农田可以，但不能饮用。直到井深打到200米以上，水质才合乎饮用标准。

刘小林庆幸地说，改用打井取水方案，项目如期完成了，老百姓吃上清洁的水也满意了，而且井水不需要太多后续处理，节省了不少投资。花小钱，办大事。

饮水工程开工庆典的盛况，袁刚一直记忆犹新。

2019年9月5日至7日，受柬埔寨农村发展部邀请，中国国际扶贫中心、四川省扶贫开发局项目中心派员参加了援柬减贫示范合作项目农村饮水工程开工仪式，并开展了相关项目考察活动。

9月5日上午，开工典礼在干丹省莫穆坎普区斯瓦安普乡隆重举行。中国国际扶贫中心副主任谭卫平博士、柬埔寨农村发展部国务秘书英·占塔分别代表中柬双方对农村供水工程的开工表示祝贺，并希望中柬双方更加紧密协作，加快项目推进，彻底解决项目村饮水困难问题。中国驻柬埔寨大使馆经商处代表、干丹省副省长、干丹省农发厅厅长、干丹省

柬埔寨篇

莫穆坎普县官员等柬方负责人、工程监理单位中铁17局、中核大地（柬埔寨）地质有限公司、四川智洋建筑工程有限公司、中柬联合项目办、6家中柬新闻媒体，谢提尔普洛斯村和斯瓦安普村村民共380人参加了开工典礼。

5日下午，农村发展部部长乌·拉本会见了中国国际扶贫中心副主任谭卫平和他的同事，双方就正在实施的援柬减贫合作项目以及进一步开展减贫合作进行了会谈。

饮水工程建设的13个月里，项目村的农民热情高涨，很多年轻人以工人身份投入了铺设管道、修建水塔劳动，妇女也参与了运送碎石、搅拌混凝土的劳务。

2020年4月13日，一年一度的柬埔寨新年如期而至。为了减少疫情期间的人流量，柬埔寨政府取消了新年假期，政府、工厂和企业都继续上班。中方专家组大清早从驻地出发前往项目村，查看供水工程施工情况。在乡政府大院内，乡干部依然坚守岗位。他们看到专家组的到来，立即迎上前来像亲人一样热情地招呼"过年好"。

按照柬埔寨政府防疫政策，供水工程施工队柬新年也不放假，加紧供水管理房、供水塔地基和入户管道铺设等施工。从中国采购的大大小小的饮水管道、水龙头等各种材料也全部到位，争取赶在5月雨季来临之前，完成两个村庄的水管布线。大家站在政府大院，验看大小不一、各种规格的水管，谢村副村长欧·茂突然问袁刚："你们是不是7月份就走了，供水项目怎么办呀？"袁刚拍拍他的肩头说："请你们放心，没让你们喝上安全饮用水，我们是不会走的。"

随后袁刚一行拜访了贫困户林沙仁家。林沙仁家2019年参加了庭院经济盆栽蔬菜种植项目和小米椒种植项目，还是首批养牛示范户，也算是中国专家的老熟人了。

袁刚等人一下车，林沙仁的妻子迎了上来，兴奋地说她家领养的母牛长胖了。袁刚顺着她手指的方向,看见母牛正在房屋后面的田野里悠闲地吃草。林沙仁忙不迭告诉专家组,现在受疫情影响,临时工的工作机会更少了,蛤蜊也卖不出去,但幸运的是,现在每天都有辣椒和小葱吃。

林沙仁妻子特意带着袁刚等人看了盆栽蔬菜留下的盆,她心疼地说,因为现在缺水,盆栽蔬菜没法种了,等雨季来了,再重新种上。她还说,院子里的小米椒长势不错,家里人都爱吃辣椒,现在也不用买辣椒了,她每天去河边挑水回来给辣椒浇水,尽最大努力延长辣椒的生长周期,满足家庭每日的食用需要。袁刚听了安慰她说,供水项目正在加紧施工,下一个旱季将不再出现这种情况了,不仅能喝上安全饮用水,还会有水种菜种辣椒。

2020年8月底,饮水工程建成,在乡政府院内新建了一座高25米的集中供水塔,新建供水管理房3间,铺设供水主管道11000米、入户管道22000米,安装入户水表800余个。两个村包括学校、卫生院在内的近4000人都用上了清洁的自来水。

8月27日,两个项目村的村民们,脸上的笑容比夏日阳光还要灿烂。这天,村民们告别饮用多年的河水雨水,洁净清透的自来水,终于进家入户了!

当清澈的自来水涌出水龙头,一位大娘当场就喝了一口:"我这辈子可是第一次用上自来水,真的很干净,苦日子终于熬到头了!谢谢你们,谢谢中国的帮助!"

张馨月一直珍藏着通水那天拍摄的视频。那个激动人心的日子,也变成了每一位中国专家的终生记忆。

2020年10月12日上午10点,斯瓦安普乡副乡长罗·沙隆打电话给中方专家组翻译周冰娇:"15号中午来乡上吃饭啊,我们乡长要请你们中方专家组吃饭。"小周好奇地问:"为什么请我们呀?"罗·沙隆郑重其事地说:"今天上午乡长主持召开了乡干部会议,为感谢中国专

柬埔寨篇

家为项目村所做的一切，特别是给村上建的供水水塔也竣工了，现在每家每户都用上了洁净的自来水，因此决定于10月15日中午举行一场答谢宴，一定要来啊！我还要和袁刚组长喝几杯呢！"周冰娇向专家组报告后，大家七嘴八舌说道，这是项目实施以来，乡政府对我们工作的认可，这个宴会尽管是乡长个人出资筹办，表达的却是干部、农户的心意，我们一定要参加，并要准备一些小食品带过去。

15日这天一大早，专家组在驻地附近超市购买了一些苹果、面包、饼干和几瓶老村长白酒，像去走亲戚似的向项目村出发。

上午10点多，袁刚一行刚到乡政府门口，就听到活动中心里传出欢快的歌曲，副乡长罗·沙隆带着乡村干部迎了上来，紧紧握住袁刚的手说道："我们乡干部和实施小组的成员，早早就在这里等候了，欢迎你们！"

袁刚问："你们乡长呢？"罗·沙隆向供水管理房指了指说："在后面做菜呢。"

乡长祝·斯雷波带领着女干部们在水厂大院里搭起了临时厨房，几个女干部负责择菜、洗菜、切菜，而乡长则是这天的主厨，亲自掌勺。她看到专家组来了，高兴地说："很久没有下厨啦，但是今天我要亲手制作柬埔寨特色菜给中国朋友吃！"

专家组中负责财务事务的李惠赶紧凑过去，看看乡长做什么特色菜。斯村助理江拉悄悄地说："剩下几个都是家常菜，柬埔寨特色菜已经端到活动中心楼上啦，我带你们去看看"。

活动中心二楼，乡供水委员会会长索·瓦尼带着供水委员会其他成员正在利索地摆放桌椅，靠角落的桌上已经放着很多食物，专家组凑近仔细看，有四方形块状的细米粉、白切猪肉、生豆芽、凉拌豆角、生黄瓜、生菜、薄荷草、鱼腥草等香料，还有一大盆散发着"怪味"的蘸料。

张馨月好奇地问："这个…这个怎么吃呀？"江拉好像明白了她的

意思，急忙说："这个是柬埔寨的特色米粉，很好吃，等一下你们就知道它的美味了"。

差不多11点的时候，女干部们陆陆续续把所有的菜肴都搬上活动中心二楼了，摆得整整齐齐的。大家正在等待开餐，她们却转瞬消失了。不一会儿，女干部们个个都穿上端庄的高棉传统筒裙出来了，拿着早就准备好的三条筒裙，热情地帮李惠、张馨月、周冰娇穿上。

乡长祝·斯雷波也换上了一身民族服装，拿起话筒激动地对大家说道："今天我很高兴，能够在这里为中方专家组举行答谢宴，感谢中方专家组这三年来，给我们村庄带来的改变。正是有中国的援助，我们才能在这么好的活动中心欢聚一堂；正是有中国的援助，我们的贫困户住房才有了很大的改善；正是有中国的援助，我们的村民今天都喝上了洁净的自来水……在此，我们诚挚地感谢中方专家组这三年来的辛勤付出，让我们举起酒杯，为他们干杯，不醉不归！"

音乐响起来，酒杯端起来，副乡长罗·沙隆向中国专家演示如何吃拌烩米粉，先是把米粉放在手掌上，把白切猪肉片、生豆芽、生菜叶、薄荷叶、鱼腥草等等配料先后放在细米粉皮上，最后卷起来，蘸一下奇怪味道的蘸料就可以吃了。一直吃不惯柬餐口味的袁刚一口米粉下肚，竟然竖起大拇指说"好吃哎，再来一个"，说完就又自己动手卷起来，李惠等三人更是对拌烩米粉赞不绝口。

席间，柬埔寨舞蹈跳起来了，这可是柬埔寨民族最喜欢的一趴，无论什么聚会，都要载歌载舞才得以释放内心的喜悦。南旺舞、伊给舞、蝴蝶舞……欢呼声不断。专家组成员深深地被柬埔寨兄弟姐妹的热情所感染，从开始的矜持、腼腆，到后来主动参加到各种舞曲之中，欢声笑语在社区活动中心久久回荡。

柬埔寨篇

中国专家带来了勤劳致富观念

在联合项目办，有个话题一说起来柬方农经司官员就头疼，那就是扶持项目村产业发展。他们告诉中国专家，以前在这两个村给农户发放过鸡苗，过了几个月一检查，却发现一只鸡也没有，原来都被农户宰杀吃掉了。其他国家与国际组织也曾在周边村子尝试过发展产业，但因为土地、管理、人员、待遇等诸多难题无法解决，均以失败告终。

袁刚意识到，生计改善，产业发展是本项目难点中的难点，主要原因有三：一是失地贫困户无地可种；二是村民把增收的愿景寄托于佛祖的保佑和恩赐，主要心思用在进寺庙祷告祈福上；三是省、县、乡、村没有专门的农业技术指导机构，基层政府部门更没有发展农业产业的职能。

扶贫就是攻坚克难，有着丰富经验的中国专家通过市场调研，在反复征求村民意愿的基础上，对原可研规划的部分种植、养殖项目，进行了调整。调整后的生计项目为200户盆栽蔬菜种植，28户高温蘑菇种植，80户小米椒种植，40户养牛示范和两个洗洁精加工厂的建设。

按照"扶贫先扶志、扶贫必扶智"的思路，专家组对症下药，先从"授人以渔"入手。

首先对柬方项目实施机构（县、乡、村）项目工作人员开展项目管理培训，传授"中国式"扶贫项目的实施管理办法。

随后，开展技能培训3期，学员120人。通过中国菜、面点制作、中文学习、家庭经营管理等技能培训，提升务工能力。

开展实用技术培训6期，学员193人。围绕种养、管理、加工、销售等关键环节，与生产实践相结合，做好产前、产中、产后技术服务指导，实现技术服务到村、到户、到人，为村民解决各生产环节出现的难题。

2019年10月16~17日，联合项目办在新落成的社区活动中心举办了首期庭院经济—盆栽蔬菜实用技术培训，聘请柬埔寨农发部专家洛茂先生，就盆栽蔬菜的种子筛选及存储、营养土配制、育苗移栽、肥水管理以及废旧利用等内容，通过图文演示、现场示范、实际操作等方式进行了现场教学。

盆栽蔬菜让村民既新奇又顾虑。通过两天的集中授课和现场演示，村民打消了顾虑，热情高涨。他们利用废弃的泡沫箱、矿泉水瓶、棕榈叶等在房前屋后种植起盆栽蔬菜。

当年11月底，100户首批种植盆栽蔬菜的农户已开始出售自己的产品。村民索也说，这种方式种植蔬菜还是第一次，既美化环境又实惠，以后我家再也不愁没菜吃，也不用花钱去买菜了。

开展致富参观培训3期，学员85人。组织贫困群众"走出去"开阔眼界，转变观念。

2018和2019年，联合项目办成功举办两期来华培训（2020年来华培训因疫情取消）。

柬埔寨部、省、县、乡、村五级政府官员和项目村农户代表32人先后在成都崇州、都江堰、广元青川、南充阆中等地，实地考察学习了产业扶贫、旅游扶贫、电商扶贫和扶贫车间等方面的主要经验和做法。

袁刚的切身体会是，来华培训之后，柬方官员、农户对中国专家的感情急剧升温。

说起产业扶贫，生计改善，每个中国专家肚子里的故事都能连缀成串。

柬埔寨篇

柬埔寨的3月，是全年最炎热的时节，太阳火辣辣地炙烤着这里的每一寸土地。受疫情影响，沿着6号国道前往项目村的公路上，比往常更加安静，车少了，人也少了，偶尔能看到路边树间三三两两躺在吊床上休憩的人们。

2020年3月24日下午2点，中方专家组顶着烈日来到项目点，准备给斯村的养牛示范户分配能繁母牛。10户养牛示范户早早地来了，他们挨个观察着拴在树桩上的10头母牛，这个摸摸，那个看看，人人脸上挂着兴奋的神情。

贫困跟踪户林沙仁也是养牛示范户之一，盼望已久的母牛今天终于要领到手了，妻子说这是件大事，执意要与丈夫一起去。刚到学校，林沙仁一眼就看中了10号母牛，他转着圈端详这头牛，好像这头牛就是他的了。

不一会，中柬联合项目办成员、副村长胡安以及其他村实施小组成员也纷纷到场。为避免纷争，确保分配的公平，胡安宣布采取编号抽签的方式分牛。林沙仁最终没能抽到10号牛，他悄悄地对柬语翻译周冰娇说，手气差，没能抽到想要的牛。尽管如此，林沙仁和领到牛的示范户们还是笑得合不拢嘴。胡安高声说出大家的心愿：期盼着来年能"抱个"大胖牛仔！

2020年4月13日，专家组走访了蘑菇种植示范户祝金家。院子里平平整整，蘑菇屋建在院子的东南面，四周还搭建了棕榈树叶做成的遮阳棚，看得出来，这户人家平时挺勤快，会拾掇。

院子里静悄悄的，周冰娇在门口用柬语俏皮地问道："有蘑菇卖吗？"

全家人应声迎出来。看到中国专家，祝金高兴地说，今天是柬新年，新年快乐！

看到蓬勃生长的蘑菇，专家们的高兴劲儿丝毫不亚于祝金，要买两公斤尝尝鲜。女主人和她的女儿拿来塑料食品袋，祝金钻进蘑菇屋开始采菇。他一边采菇一边说，现在每天能采三次，一天能采30公斤，早上有固定的人来收购，到了傍晚时分，附近村民也会来买。目前属于出菇初期，量还不算大，价格在每公斤5000～8000柬币不等（约1.25～2美元）。

祝金说，到今天，我家已经卖了100多公斤蘑菇，收入近150美元。如果没有疫情影响，村民过年聚餐，各种喜事聚餐，蘑菇还能卖出更好的价钱呢。

临走时，女主人把蘑菇交给专家组说：这个蘑菇棚是中国人出资建的，怎么能要中国人的钱呢？袁刚对祝金说，建蘑菇棚是中国政府援助建的，是项目上的事，我们买蘑菇是自己吃的，你不收钱我们不能拿回去吃的哦！直到女主人收下钱，中国专家才安心地提着蘑菇上了车。

楞姜迪是父母的长女，也是家中唯一的劳动力。

像许多年轻人一样，楞姜迪向往外面的世界，想到金边打工。让她尴尬的是，几乎所有招工需要的技能她都没学过。

她下决心寻找接受培训的机会，但在金边，面对难以计数的项目她不知道该学什么。最重要的是，培训费对她来说太高了。

楞姜迪失望地回到家乡谢提尔普洛斯村。看到联合项目办帮助修建的崭新房屋，她和大伙一样高兴。高兴劲过后，她的心情又跌入了低谷："难道这辈子就留在这里像父母一样种地吗？我老了是不是会和他们一样，等着别人来给我建新房子？"

楞姜迪的苦恼并没有持续多久。很快，村民劳务技能培训班在社区活动中心启动。

楞姜迪和两个项目村的80名村民一起参加了培训。联合项目办对劳务市场进行研究后，结合实际情况，请金边的中国面点师、农发部农经司官员以及当地富有经验的家政服务人才为他们授课。内容包括创业思维、烹饪知识、中式面点制作、家庭生计和垃圾处理，共印发培训资料8套400份。重点是强化实操技能训练和职业素质培养，使学员达到

柬埔寨篇

上岗要求。

戴上厨师帽、围上围裙，楞姜迪和村民们兴奋异常，倍感珍惜。最终，她通过考核，如愿拿到了结业证书。

带着这份沉甸甸的结业证书，楞姜迪信心爆棚，再次来到金边。她非常幸运，在繁华的大街上，一家很大的中国餐厅正在招聘糕点师，楞姜迪成功通过面试，找到了心仪的工作。

袁刚说，真有点令人难以置信，柬埔寨至今不能自己生产牙签。农经司皮舒特司长一直有个想法，办一个牙签厂，吸收贫困户就业，但因为土地协商不下来，只好作罢。

早在2018年，袁刚曾说动青岛的一个水产养殖企业到项目村考察，准备利用雨季的水资源搞水产养殖，也是因为土地难以协调，没能谈成。

后来，经与农经司、乡村干部和村民反复讨论，中国专家复制国内的"扶贫车间"模式，与两户房前屋后有空地的农户达成协议，以土地入股方式，分别在斯村、谢村建成了两个洗洁精加工厂。每个加工厂年生产洗洁精5万瓶，产品销往周边农贸市场、工厂、商铺和金边市场。

洗洁精加工厂的建成，一方面为项目村建立起一个长期的、稳定的、持续的村办企业，将逐步发展成为项目村的创业车间、富民车间、发展车间；另一方面为项目村剩余劳动力、贫困户、居家妇女及残疾人提供了一个便捷的就业平台，忙时务农，闲时务工，在家门口就业，赚钱顾家两不耽误。

生计项目带来最深刻的变化是人的观念转变。想法不一样了，活法也就不一样了。后来，柬埔寨官员在各种场合致辞中最常说的一句话就是："感谢中国专家带来了勤劳致富的观念。"

柬埔寨农发部国务秘书英·占塔是中柬减贫项目协调人，他说：我印象最深的事情，就是看到我们柬埔寨两个村子的村民喜气洋洋的神情。这一合作项目帮助人民减贫，减少人民移民国外，提高了农村地区人民的生活水平，为他们提供了家门口的工作机遇，同时也符合柬埔寨政府制定的减贫政策、计划和战略。我也非常感谢通过这个为期三年的项目，柬中两国在减贫方面的合作非常成功，增强了两国之间的牢固纽带和友谊。

柬埔寨农村发展部新上任的农经司司长基·速卜对媒体说，这个项目覆盖了减贫的各个方面，例如基础设施、公共服务、环境治理、民生改善、能力建设等。这些都是贫困人口提高生活水平所真正需要的东西。这两个村子最大的变化是生活水平提高了，观念也改变了，因为他们作为项目的利益相关者参与了项目活动，无论是心理层面还是精神层面，都得到了锻炼。"总的来说，我认为项目的成果非常令人满意，基本上满足了两个村子的需求，这些变化是我们一直盼望的。"

农经司副司长衡·真田一直与中国专家跟进项目实施，谈起对中国专家的印象，他说："这是我第一次与中国专家合作。首先，我一直努力在工作方式和工作环境之间找到一个平衡。我们遇到过一些困难，包括习俗、语言、沟通、工作方法和对项目所在地的重要性的看法。但是，我们的合作每天都能在解决这些困难方面取得进步，最后我们能够一起解决所有出现的问题。项目完成后，我在多个场合高度评价了经验丰富、技能高超的中国专家，在落实柬埔寨减贫项目的这三年，他们取得了显著成果。因此，我很高兴在不久的将来，能再次欢迎他们并与他们在下一阶段的项目中继续合作。"

柬埔寨篇

有一份牵挂来自远方

登革热是一种蚊媒传染病,主要在热带和亚热带地区流行,典型症状包括持续发热、头痛、肌肉痛、关节痛等,严重时可致死亡。

2019年夏,柬埔寨的登革热疫情又起,专家组的周冰娇第一个中招。

到柬之初,大家对登革热警惕颇高,下乡把自己从头到脚包得严严实实。时间一长就松懈了,有时踩一双拖鞋就下乡,一是入户脱鞋方便,二是好冲洗。周冰娇住院让大家又绷紧了弦,重新长衣长裤捂起来,减少了外出,到街上吃饭也是一条直线往返。

百密一疏,防不胜防。

2020年7月,李惠半夜发起烧来,送到医院查血,确诊登革热。为人妻为人母自然想法多一些,万一有个三长两短总要对家人有个交待,李惠就把患病的消息告诉了家人。老公的话语很贴心:"柬埔寨医院诊疗登革热有经验,谨遵医嘱,配合治疗,一定会好起来。"

病毒把李惠折磨得吃不下睡不着,浑身骨节酸痛,迷迷糊糊中刚睡着就疼醒了;味觉全失,吃什么都味同嚼蜡。医生告诉她,登革热是消耗性疾病,没滋味也要尽量吃,补充营养;登革热最怕大出血,不能用牙刷了,只能用盐水漱口。住了9天院,除了味觉没有恢复,其他指标趋于正常,李惠闯过了这一关。

紧随其后"中彩"的是张馨月。

她是白天发的烧,送到医院一查,没什么悬念,又是登革热。

有周冰娇、李惠成功治愈的先例，张馨月心里放松了不少，第一次输液，迷迷糊糊中还给自己点了份外卖，举着输液架子自己去门口取餐。护士见状赶忙提醒她，举着药瓶即可，不用这么麻烦。

对家人，张馨月只字不提患病住院。病好后下乡，斯村的陈伦老太太拉着她手关切地说：听说你生病了，要注意身体啊。这个场景被随行的广西电视台记者拍了下来，成了纪录片里的一个桥段。小张把片子藏在电脑里，一直不敢拿给妈妈看。

三姐妹无一幸免相继住院之后，袁刚也倒下了。不过他得的不是登革热，而是胆囊炎发作。袁刚是半夜疼醒的，他趴在床边上，咬牙扛到天亮才通过手机软件叫了一辆嘟嘟车去医院。虽然戴着口罩，医生还是一眼就认出了护送袁刚的李惠。李惠此时才得知，自己住院期间，因为各项指标很低，引起过医生的特别关注。

2020年春节前，袁刚、张馨月、周冰娇回国休假，新冠肺炎疫情暴发。为降低风险，减少接触，留守在金边的李惠叮嘱司机尽量少往专家驻地跑，然后自己上街购买防疫物资。此时，平日一两美金一包的口罩，一下子就飙升到20多美元。

袁刚说，我们原计划2月9日返回岗位，但接到大使馆经商处通知，暂停外派人员前往受援国。到2月底，国内疫情有所缓解；3月初，四川风险级数下调；3月6日，我和张馨月返回柬埔寨；3月7日周冰娇也回来了。在金边居家隔离14天，我们才获准到项目点工作。

对那段难以忘怀的日子，周冰娇做了详尽记述。她写道：

2月初，正是中国农历正月，也是中国抗疫最艰难之时，我接二连三地收到了来自柬埔寨官员的问候。

2月3日下午，柬埔寨干丹省莫穆坎普县县长董·休枚先生打微信电话过来，听到我的声音后，县长先生非常激动，问我们中方专家组成员以及四川项目中心人员身体状况如何。得知我们身体无恙后，在电话

柬埔寨篇

另一端的我都听到县长松了一口气。县长接着很郑重地说，这个电话不仅代表他个人，而是代表了项目村将近 4000 个村民和乡村干部对我们中方专家组和四川项目中心所有工作人员的牵挂，希望中国疫情早点结束，希望我们的家庭都能平安健康……

挂了县长的电话，心里暖暖的。

2月4日，农发部农经司副司长衡·真田、干丹省农发厅厅长吉塔维女士、原农经司司长皮舒特先生陆续发信息表达对中国专家的牵挂……

2月5日，柬埔寨政府洪森首相顶着风险访华。他是在中国疫情暴发后第一个访华的国家首脑，表示柬埔寨政府和人民一定会与中国政府和人民站在一起抗击疫情，验证了铁杆朋友的情谊。

袁刚说，说实话，疫情期间我们人虽在中国，但还是担心项目实施受到影响，心里也牵挂着村里的老百姓。2月27日，中国经过了一个多月的全民抗疫，疫情已基本得到控制和缓解。根据商务部经合局要求，为使援柬减贫项目尽快复工，把疫情影响降至最低，我们回国休假的三位同事立即订了飞往金边的机票。我们等不及了，因为我们答应20户养牛示范户，中国春节后就采购母牛，已经不能再耽搁了。

周冰娇说，当飞机在金边国际机场着陆后，第一时间打开了柬埔寨手机卡，瞬间我懵了，上百条语音留言，都是来自乡村干部、村民的问候。我跟乡村干部基本都是通过 Telegram 软件交流工作，但是他们不知道中国境内收不到 Telegram 的信息，尽管看不到我的回复，但他们还是每天都留言给我们，我再一次被感动。当时已经是半夜12点，我还是回复了他们："我们回来了，我们很快就见面了，我们都很好……"

回到宿舍的第三天（3月10日），房东得知袁刚等人返回柬埔寨后，第一时间不是催房租，而是发来了一条关切的信息："很高兴能听到你们平安归来的消息，你们还有你们的老板都是很好的人，也很高兴能看到中国赢了。祝贺你们中国人民,能和中国人民成为朋友我们感到非常骄傲。我们柬埔寨人民和中国人民是手足兄弟,再次欢迎你们回来。"

这样关切的信息还有很多很多。

作为"一带一路"倡议的实践者和援柬减贫项目的执行者,袁刚深深地体会到,在项目执行的两年多时间,中柬双方人员已成为良好的工作伙伴和知心朋友,双方的友谊已经从政府层面渗透到了民间。他说,这种经历值得我一辈子铭记。

按规定结束两周隔离期后,3月20日,中国专家与乡政府干部进行了年后第一次会议。双方都很激动,很开心,仿佛多年不见的老朋友。副乡长俏皮地说,你们不远万里来帮助我们,都是好人啊,肯定不会被新冠肺炎这个病魔缠上的!他的话激起一片笑声。

当天下午,袁刚等人还走访了贫困户毛德家。毛德的老伴陈伦见到中国专家,高兴地哭了起来。陈伦说,他们全家每天向老天爷祈祷,希望疫情快点结束,中国人是他们家的恩人,希望每个人都躲过这一劫。由于没有手机,没有联系方式,即使乡村干部已经告知他们,中方专家都平安无恙,但是毛德一家人都还是担心,只有亲眼看到袁刚等人平安归来,心里的石头才算放下。

中国专家接着检查了小米椒、蔬菜种植情况以及蘑菇大棚的建设进度,与养牛示范户商谈了母牛采购的筹备工作……

张馨月说,我们已按下了2020年度项目实施工作的开启键,我们相信,不管发生什么情况,中柬人民始终牢牢地站在一起,继续谱写两国人民之间平凡而又深厚的友谊!

袁刚也回忆道:2020年4月初,柬埔寨新冠肺炎疫情呈直线上升趋势,确诊病例由1例增加到100多例,特别是那段时间从泰国返回柬埔寨成千上万的农民工,使得柬埔寨农村基层防疫工作增加了很大的难度,从政府到民间的防疫形势越来越紧张。

柬埔寨篇

中方专家组到村工作的时候，发现村实施小组成员很少戴口罩，有的人用水布蒙着嘴巴。村民也知道戴上合格的口罩更能做好防护，可是防疫物资匮乏，价格飙升，口罩等变成了可望不可即的奢侈品。面对这种情况，专家组迅速将情况报告四川省扶贫开发局项目中心，中心主任王正洪立即批示，为统筹做好疫情防控，加快项目推进，必须增加防疫物资储备。参加减贫项目的柬方工作人员，包括农村发展部项目协调领导小组成员、中柬联合项目办成员、村实施小组和活动中心管理小组等相关工作人员，都必须配备基本的防疫物资，最大限度降低疫情影响。

根据中心批示，专家组为柬方参与项目实施和管理的村实施小组共42人，每人采购一盒口罩（50片）、一瓶洗手液（1000毫升），为乡政府采购一桶30公升的消毒酒精。当中方专家组把这个好消息告诉农经司司长基·速卜的时候，他激动地连声对四川项目中心表示诚挚的感谢。

4月9日，中方专家组带着这些防疫物资下乡，并在乡政府举行了简单的物资交接仪式。仪式上，副乡长罗·沙隆感恩地说，这是一份"雪中送炭"的贵重礼品，这份礼物对于我们基层工作干部来说，非常重要。感谢四川项目中心和专家组对村实施小组成员的关心，村实施小组将会继续努力配合开展工作，确保减贫项目在安全环境下有序推进。

不能让上拉扎娜失望

四川省扶贫开发局项目中心主任王正洪说，把在柬的中资企业和四川省扶贫系统的力量调动起来支持合作减贫项目，是我们的一个特色。他特别讲起了一个捐赠自行车的故事。

上闪一家是谢村的贫困户，平时靠男主人上闪出去捕鱼或做些零活勉强维持生计，妻子再沙林在家里操持家务并照顾四个孩子。

中方专家组为上闪一家制定了帮扶计划，把他们纳入了很多扶贫项目的计划中，时常登门拜访这一家人，问问最近家里生活状况，聊聊对项目执行情况的看法，传播勤劳致富的思想观念并鼓励他们积极参与技能培训。四个孩子有时在家附近的空地上跑动玩闹，有时依偎在父母身旁睁着好奇的眼睛看这些时常造访的中国客人，他们喜欢这些经常送给他们糖果的叔叔阿姨。

这天临告别时，袁刚问他们还有没有需要帮助的事情。一旁的大女儿上拉扎娜拉过妈妈的衣角悄悄说了句什么。女主人再沙林为难地看向专家组，小心翼翼地说出了女儿的请求："孩子问你们可不可以送她一辆自行车，家里离学校太远了，每天徒步上学很不方便。"

听到这话，袁刚的第一反应是不行，毕竟这不在项目范围内，但是看着小姑娘恳切的眼神，乡村土路上满地的沙土石子儿和小姑娘赤裸着的双脚，话到嘴边又情不自禁地改口说道："我们考虑一下，想想办法。"

离开后，就自行车这个话题，专家组就在返程的车内展开了激烈的讨论：

柬埔寨篇

"这个没法弄啊，我们项目里没有这项支出，从哪里去给她买自行车？"

"要不还是跟他们说不行吧，不然希望越大失望越大。"

"你说可以去国内找共享单车，但是运费怎么办？"

大伙七嘴八舌纷纷表示担忧。"行了，这些我都知道，这事我会想办法，实在不行我自己在这边给她买一辆吧！"最后袁刚说道。

此后，袁刚每次到上闪家的时候，小姑娘眼神都充满了期待，但几次过后没有听到反馈信息，渐渐地再也不问了。

小姑娘那种希望破灭、落寞失望的神情深深地印在了袁刚的心里。两个村里像上拉扎娜这样的孩子还有很多。"既然承诺了，就要想方设法帮助小姑娘实现这个愿望。"袁刚暗下决心。

2019年7月底，袁刚从国内休假返回，兴奋地告诉组员们，自行车的事情落实了。

原来，在他回国休假期间，将自行车的事情向单位领导作了汇报并得到大力支持。经王正洪主任多方协调，联合四川省扶贫基金会、四川省扶贫开发协会等公益组织和成都盛元阳光环保科技有限公司、滴滴出行等爱心扶贫企业，向项目村300名中小学生捐赠共享单车300辆，向项目村捐赠移动式多功能太阳能灯200盏，向柬埔寨农发部捐赠净水器6台，同时配备了一批装有茶叶、蜂蜜、木耳等特产的爱心礼包，总价值人民币81.4万余元。四川省扶贫基金会承担了这批捐赠物资的运输费用。

2019年12月26日这天，在斯瓦安普乡举行了一场简短的捐赠仪式，各捐赠方也派代表来到了现场。

其实，直到捐赠仪式开始举行，袁刚的心还在悬着，过海关时因为减税手续发生了一些波折，那批爱心物资还没有运到会场。在这件事上，农发部的官员也爱莫能助，只好建议专家组"人找对，钱到位"。又是在柬的中资企业伸出援手，这批物资终于运到了会场。

300个孩子签字领取了属于自己的自行车，激动、喜悦、感激的笑容洋溢在孩子们的脸上，他们迫不及待地排着队骑着车上了马路，一阵阵欢快的笑声和清脆的车铃声在蓝天白云下回荡。

捐赠仪式中，袁刚组长找到了排队的上拉扎娜："你看，承诺你的事情我们一直放在心上，这下你的愿望实现了吧。"

四川省扶贫开发局项目中心副主任王俊赛说，通过这次扶贫捐赠，不仅补充了援柬减贫项目，而且充分体现了国内扶贫爱心企业和机构对中国政府减贫计划的积极参与、配合与支持。

袁刚认为，在减贫工作中取得农户的信任非常重要。他说，曾经有位村民问我们，是不是等项目完成了，中国专家会把所有挂着"中国援助"的建筑和设备都收走，所有占用的土地也将归属中国？对于这种令人啼笑皆非的担心、疑虑，谁也不敢一笑了之。为了消除误解，我们更加注意与当地民众之间的沟通。随着减贫工作的深入，专家组与当地民众的心也更近了。

柬埔寨篇

你们的工作值得满分

2020年春节前，李惠回国休假。不巧的是，她日夜思念的女儿参加冬令营去了厦门。待到13岁的女儿回到家，李惠又要启程返回柬埔寨了。李惠动员女儿："到妈妈工作的地方去看看吧，不然我们在一起的时间太少了。"

中国农历新年前夕，李惠带女儿先到了暹粒，参观了举世闻名的吴哥窟，然后泛舟洞里萨湖。坐在船上举目望去，是一派萧条的景象，看着湖边低矮破旧的房屋，女儿突然冒出一句："妈妈，我似乎不是来旅游的，是来接受爱国主义教育的，看到这些，觉得我的祖国真的很强大。"

年轻人有一颗敏感的心。

刘小林说，古老的柬埔寨其实是一个年轻的国度，战乱让人口大幅减员，现在全国平均年龄只有二十八九岁。

张馨月在工作中发现，受过高等教育的年轻人，改变家乡面貌，改变贫困命运的愿望最强烈。

蔻·法利是一名在校女大学生，家住斯瓦安普村，就读于柬埔寨智慧大学，所学专业是英语教育。大学期间，她利用课余时间做家教，不仅自己挣钱交学费，还能补贴家用。她相信知识改变命运，利用周末回村里当志愿者，免费给村里的孩子上英语课。

这位柬埔寨姑娘自强不息的精神感动了专家组。袁刚邀请她参加技能培训项目，给村民讲课，主讲教育的重要性，动员村民送孩子上学，提高文化水平。蔻·法利说，培训对斯瓦安普村的村民起到了作用，他们的观念模式相较从前有了很大转变。

每次回村，蔻·法利都能看到村民的变化，在房子周围种植蔬菜的人家越来越多，走进校门的孩子越来越多。

无论在国内国外，袁刚从未停止过对减贫事业的思考。他说，在柬埔寨搞扶贫难度很大。农村老百姓之所以长期贫困，最直接的原因不是缺钱，而是观念落后，思想守旧，不思进取。主要体现在三个方面：一是农村多数贫困人口文化素质低，科技意识不强，生产经营能力低，缺乏致富门路和抵御风险的能力，脱贫的自生动力不强；二是受宗教文化影响，老百姓把希望寄托在"祈求"上，常常执着于眼前利益，不愿意去改变；三是柬埔寨农村贫困群众普遍存在"等着扶、躺着要"的现象，这也是柬埔寨农村贫困的重要原因之一。大多数村民从来就没有积蓄的概念，今天挣的钱，无论多少就在当天花完，"今朝有酒今朝醉"。因此，如何激发群众的参与性、主动性和积极性，已成为当前柬埔寨减贫工作中最急需解决的问题。

2019年诺贝尔经济学奖获得者阿比吉特·班纳吉和埃斯特·迪弗洛为了撰写《贫穷的本质》这部书，用15年时间走遍五大洲18个最不发达国家，深入探究和剖析全球贫困的本质。他们的一项田野调查成果是：勤奋不是人的天性，好逸恶劳才是；穷人的钱如果不是赚来的，而是"捡"来的，他就不会珍视。

2020年5月，受疫情影响，平日靠打零工讨生活的毛德一家一度揭不开锅，吃饭都成了问题。专家组得知情况后，第一时间联系饮水工程工地现场负责人，向他推荐了陈伦女婿到工地上干活，赚钱养家以解燃眉之急。为此，中柬联合项目办成员一起前往陈伦家，向他们告知这个好消息。农发部农经司衡·真田副司长嘱咐陈伦女婿，到工地上要好好干活，遵守上下班时间，听中方工地负责人的话，不要给我们柬埔寨工人丢脸。

陈伦女婿上了工地，很快得到中方工地负责人的认可，还让他当了小组长，负责管理几个普工。陈伦说，女婿每天天蒙蒙亮就起床，吃前夜剩的米饭当早餐，早早地就去工地上等开工，从不请假或早退。鉴于陈伦女婿的优异表现，工地负责人决定 6 月份起给他每天 12 美元的工钱，比本地的普工多出 2 美元。

袁刚说，根据中国减贫实践的经验，动员全社会为贫困群体创造公平的发展和就业环境，可能要比单纯发钱发物的效果和作用更好。

李惠说，不是有么句话吗？鸡蛋从外面打破，是食品；从内部打破，是生命。她认为，我们国家扶贫理念最伟大的部分就是"扶贫先扶志"，思想上的问题解决了，就能创造奇迹。

王正洪主任保存着一封柬埔寨农发部部长乌·拉本博士写给四川省扶贫开发局局长降初的感谢信，里面着重提到，"感谢中国专家带来了勤劳致富的观念。"

2020 年 12 月初，柬埔寨减贫项目通过了中国商务部国际经济合作事务局组织的国家验收。

验收中，有一份《受援方满意度调查表》，验收组一共发出 11 份，其中中柬联合项目办柬方成员 8 份，项目乡村 3 份。评分统计，农经司 8 份平均得分为 94.2 分，乡村 3 份都是 100 分。后来，联合项目办问乡村干部，为什么都打 100 分？他们的回答是，经过这三年来的接触，这几个中国专家是实实在在、真心实意地帮助村民们脱贫，他们时常与村民谈心交心，做了很多事情，是我们村民的真正朋友，值得满分。

袁刚说，说实话，在柬埔寨这个国家从事农村减贫活动，有困难、有瓶颈，也有艰辛。在近三年的项目实施工作中，尽管遇到这样那样的问题和困难，我们始终从对方的角度和立场考虑问题，体察对方感受，把他们当成平等的项目伙伴，一起调查情况、讨论项目、设计方案，在工作中不断相互学习、取长补短。我们现在已成为良好的工作伙伴和知心朋友。

2020年6月11日下午，中方专家组成员拜访了村民朋友毛德一家。专家组的车刚停到门口，陈伦就迎出来热情地招呼他们进屋，急切地报告好消息。

陈伦指着一套新桌椅，乐呵呵地说："你们看，前几天刚置办的，放在吊脚楼下，我们也想学你们中国人一样坐着凳子聊天。"

大家围桌而坐，陈伦好像有很多心里话要说："听说你们要回中国了，走了还会来柬埔寨吗？"

"还有好几个月呢，走的时候肯定过来跟您告别的。"袁刚回答道。

陈伦两眼含着热泪："真是舍不得你们，因为你们是我们家的大恩人，我们会永远记住你们的恩情。"她紧拉着翻译周冰娇的手接着说，"还有几个月的时间，那太好了，我们还能再见很多次面。我有个小小的请求，你们走之前能不能来我们家拍个合影，我们想留着做个纪念。"陈伦用恳求的眼光看着中方专家。"可以，没问题！"听到袁刚爽快答应，陈伦高兴得像个孩子一样。她带专家组参观了项目组帮助改造的厨房，现在已经变成了卧室。她说，改造的厨房太好了，用的都是好材料，都舍不得在里面做饭了，害怕把新墙壁熏得黑漆漆的，所以就布置成了房间。为此，她还专门叫女婿在房子后边，利用原来旧房子搭建了一个简易厨房。

陈伦说起两年前，那时候一家五口住在摇摇欲坠的茅草屋里，每天过得提心吊胆，真是做梦也没想到有如今的居住环境。

毛德大爷还和专家组聊起了养母牛和栽培小米椒。他说，村上的干部已经组织按时打疫苗了，也安排了人工授精，静等母牛怀孕的好消息。种植的小米椒受干旱影响，虽然产量不高，但是满足了家庭日常食用的

柬埔寨篇

需求，不用花钱去买了。最后还聊起了孩子的情况，小外孙女患先天性心脏疾病，在专家组的协调下，已经有中国好心人士来探望，并表示等疫情过去会带孩子到中国治疗。

在近三年的项目实施工作中，中国专家眼看着村子里的贫困户一家接一家住进了新房，用上了照明电，有了卫生厕所；看着村民们因出售青菜、蘑菇有了收入，一个个脸上挂着笑容；看着孩子们骑着自行车上学放学，一路上欢歌笑语。他们倍感欣慰，不辞辛劳散播的深厚友谊、希望的种子已经根植于柬埔寨这片土地。

鉴于柬埔寨减贫合作项目的成功，向中国政府申请第二期项目的工作已经提上日程。

国务秘书英·占塔说："我希望，也相信，中国扶贫项目将继续在柬埔寨王国实施第二阶段并走得更远。我相信，第二阶段的项目，将带动不同部门为改进柬埔寨人民生活、发展柬埔寨贡献更多的力量。柬埔寨人民和政府都殷切盼望这一减贫项目。该项目将有助于柬埔寨政府落实政策。我希望试点项目的成功能使中柬合作成为值得学习、借鉴和应用的模范。"

老挝篇

老挝篇

老挝位于中南半岛北部，是东南亚唯一的内陆国家，东接越南，南接柬埔寨，西与泰国交界，西北与缅甸接壤，北邻中国。国土面积 23.68 万平方公里，与广西大致相当，人口 680 万。境内 80% 为山地和高原，多被森林覆盖，有"印度支那屋脊"之称。在老挝，佛教被尊为国教。75% 以上人口信奉小乘佛教。

打开地图就能发现，老挝适于农耕的平原零零散散分布在河谷地带。与所有贫困国家一样，老挝经济也是以农业为主，虽然耕地并不多，但是 60% 以上的人口生活在农村地区。老挝的工业以轻工业为主，主要是稻米加工、食品、纺织、服装、采矿、水泥、啤酒加工等。

发源于中国唐古拉山东北坡的澜沧江，流入中南半岛后的河段称为湄公河。老挝首都万象，是檀香之城的意思，位于中寮万象平原南端湄公河左岸，隔河与泰国相望。万象是东南亚最安静、高楼最少的国家首都，人口约 80 万。

有"驴友"称，万象最漂亮的一段街道是那条沿着湄公河的小路，沿途不少法国殖民时期的建筑，屋宇不算宏伟，静悄悄地散落在湄公河畔的百年老树之中。黄昏时分，来到万象的游客就像是接到了统一口令一般，从四面八方聚齐在湄公河畔的河堤上。一公里长的小吃档露天排开，烧烤架上摆放着诱人的排骨、河鱼和鸡肉。这里的烤鱼不刮鳞也不开膛掏除内脏，鲜鱼两面抹上粗盐后，直接丢到炭火上两面翻烤。

为走出最不发达国家行列，坐落在湄公河流域"十字路口"上的老挝正在从自然、半自然经济和计划经济向市场经济逐步过渡。在这片风景如画的土地上，老挝正在不断摸索中推进着扶贫事业，在与中国合作过程中逐渐发展起来。有评价称，老挝甚至有可能成为东南亚一个最令人刮目相看的范本。

扶贫元老接了个"急活儿"

2016年底，年届花甲的覃延学迎来人生两件大事：办理了退休手续，添了个宝贝孙女。孙女出生这天恰逢十一，与国同庆。届时，他面临两个选择，一个是含饴弄孙尽享天伦之乐，另一个是为中国—东亚减贫合作项目奉献余热。他选择了后者。

广西壮族自治区扶贫办比国务院扶贫办早两年成立，成立之初叫"老少边山穷办"。覃延学1984年初进入老少边山穷办公室参与筹建工作，30多年来，他从"老少边山穷办"到"广西扶贫开发办公室"，各处室的头头当了个遍，人称扶贫界"元老"。

转眼孙女周岁，覃延学满心欢喜地张罗着，打算好好"办一办"。孰料就在这个当口，2017年9月底，广西外资扶贫项目管理中心副主任黄灿滨找到覃延学，交给他一项紧急任务——9月30日飞赴老挝首都万象，出任东亚减贫示范合作技术援助项目老挝部分中方常驻专家组组长。他对覃延学说：如果不能在9月30日前赶到万象入驻项目办，我们对老挝就失信了。你去了，就标志着老挝项目正式启动。

黄灿滨身兼中国—老挝联合项目管理办公室中方主任。为落实李克强总理2014年在东盟与中日韩（10+3）领导人会议上的承诺，实施东亚减贫合作倡议，开展乡村减贫推进计划，建立东亚减贫合作示范点，从2015年7月起，连续三年间，黄灿滨几度率队出访老挝，编制可研报告，陪同领导考察，签署各项协议，出席项目启动仪式。

老挝篇

1995年，世界银行中国西南扶贫项目实施的时候，黄灿滨进入自治区外资扶贫项目管理中心，也是一位百战成名的"老扶贫"。这次配合国家外交战略，执行东亚减贫示范合作技术援外项目，他的感觉是"很亲切"。黄灿滨回忆说，从可研考察起，就和商务部、中国国际扶贫中心的同志不断探讨项目模式，最后确定把精准扶贫和开发式扶贫的理念在老挝做一个试点，看看能否示范、复制、推广，这是我们的初衷。

国内直飞老挝的航班并不多，那时从南宁飞万象的航班隔天才有。与覃延学动身就职的同时，中国国际扶贫中心年轻的项目官员赵美艳也从北京启程飞往万象。

9月30日晚，当这一老一小忙活完一天七七八八事项坐下来享用晚餐的时候，覃延学端起了酒杯。

"扶贫元老"乐享"壶中日月长"，平时在家，每天晚上独自一人"举杯邀明月"，就能喝上七八两用枸杞、铁皮石斛炮制的药酒。这天他格外想喝一口，更想找个人念叨念叨心头的牵挂。覃延学说："明天是我孙女生日。"主修英语同声传译的赵美艳不谙南宁方言，把"孙女生日"听成了"生理生日"，以为是这位扶贫元老的实际生日和身份证生日不一样，便赶忙举杯祝覃延学"生日快乐"。结果覃延学也蒙了，为啥我孙女生日要祝我生日快乐？

事过几年，说起这个"梗"，覃延学仍会面露赧颜，忍俊不禁。

虽然覃延学普通话说得不够标准，但作为壮家儿女，他在老挝却有着天然的语言优势。壮语和老挝语有着很高的相似度。老挝项目执行期间，广西派出的专家阵容以壮族为主，他们用家乡话就可以和老挝人进行简单交流。

中国通的老语翻译

西方学者认为，唐代时崛起在云贵高原的南诏国（649～902年）是泰族建立的。南诏灭亡，华南各省的一些泰族人驶船沿着红河、马江进入越南；沿着南乌江、湄公河进入老挝；沿着萨尔温江、伊洛瓦底江进入缅甸和泰国。在民族大迁移的过程中，泰族人就逐渐定居在琅勃拉邦省至占巴塞省一带的湄公河两岸。

苏有朋是中老联合项目办聘请的老挝翻译，跟随中国常驻项目点专家工作了两年多，他的感慨是，"壮话和老挝语的相似度太高了。"

广西民族师范学院一位老挝语教授曾做过专门研究，他用自己家乡天等县方言的1000个词汇与老挝老龙族语作了比较。辅音、元音、尾辅音完全相同的有670个，占67%；辅音不同、元音和尾辅音相同，或元音略有不同、辅音和尾辅音相同的有320个，占22%；辅音和元音、尾辅音都不相同的有110个，占11%。这位民族语言学家说，壮人与老龙人各自用本民族语言交谈，说到相同之处，双方会开怀大笑，像久别重逢的兄弟那样亲热。但从交谈中很容易发现，只能谈"土"的、"原始"的事物，而且只能用短句子交谈。若涉及现代社会生活，或用长一点的句子交谈，双方就卡壳了。这是因为各自的外来语借词不同，壮语借自汉语，老龙语借自巴利语和梵语，甚至还有法语和英语。

苏有朋就是老挝老龙族人，2002年来中国，在广西大学学习计算机科学与技术，2007年回国，2009年又返回广西大学继续攻读计算机应

老挝篇

用技术研究生课程，2012年拿到硕士学位。

苏有朋爱老挝也爱中国，热衷于中老两国的沟通与交流。他总是乐于告诉中国朋友，老挝的历法有农历和阳历，阳历跟中国一样，老挝的农历是从4月15日算起，相当于新年，这天也是老挝的泼水节。老挝还有很多重大节日，如：塔銮节、龙舟节、守夏节、开门节等等。老挝的日期排序是日、月、年，老挝也有十二生肖，但和中国有所不同，没有龙和兔。

和苏有朋聊起中国专家，他最感钦佩的是"实干精神"。他说：有一次我们去版索村看牛下仔，路很远、很烂，车进不去，必须坐拖拉机进去，为了牛仔出生、护理连着跑了几天。那一次中国专家晒黑了，我也晒黑了，老挝同事也晒黑了，不过我们很高兴看到中国专家真心帮助我们。

中国专家给苏有朋留下的深刻印象是全方位的。在老挝期间，中国专家与老方项目官员时不时聚餐。苏有朋惊讶地发现，中国专家个个都是大厨，"简直神了！"苏有朋感叹。苏有朋也学会了几道中国菜。

苏友朋观察到的是一批批中国专家生龙活虎的工作生活状态。其实，那些中国专家从未吐露的内心活动，他便无从知晓了。

东亚减贫示范合作技术援助项目故事选编

"小伙子"心头的牵挂

罗剑是广西凤山县扶贫办外资项目管理中心主任，2017年11月至2019年1月，出任常驻老挝专家。

2017年10月，当接到广西外资扶贫项目管理中心抽调派驻老挝工作的通知后，罗剑既高兴又担心。高兴的是得到上级领导的信任，有机会为国际扶贫作贡献；担心的是出国后爱人无法独自带孩子。当时他的女儿出生才5个月，儿子在上初中，上下学都需要接送。爱人在县里一所小学校担任校长，平时工作很忙，无法每天接送儿子上下学。罗剑的父母、岳父岳母都过世了，没有老人帮带小孩。面对家里的困难，罗剑一直在犹豫，到底去不去老挝？好在爱人支持他，她提出的解决方案是，待罗剑出国后，自己可以带孩子搬到距离凤山县初中较近的内弟家住，一是方便儿子去学校，无需大人接送；二是请内弟媳顺便帮带女儿和煮饭菜。

罗剑带着对妻儿的牵挂和国际扶贫的使命，踏上了老挝这片陌生的国土，开始异国他乡的工作和生活。

罗剑说，2018年是我最身心疲惫的一年。女儿在家经常生病，一年住了两次院；儿子考上河池高中，学校开家长会，也需要家长参加，爱人忙里忙外顾不过来。而我在老挝也忙着项目基础设施建设与采购和实施，工作加班加点，根本无暇顾及家庭。虽然心里面牵挂着孩子，心疼着爱人，但是国家事大，家庭事小，必须出色完成在老挝的工作任务。

老挝篇

在版索村踏勘、寻访的日子里，罗剑有时乘坐手扶拖拉机，有时徒步，晴天一身汗，雨天一身泥。看到这位摸爬滚打、干劲十足的小伙子，谁能体味他内心那份沉甸甸的牵挂？

把双方绑到一块儿干

覃延学说，起初不少老挝人员对中国专家的到来持观望态度，他们的疑惑是，我们条件这么差，你们能为我们做什么呢？

做什么，怎么做？也是黄灿滨初访老挝时反复思考的问题。真正让他决意放弃"交钥匙工程"传统援外模式的，是一番不那么客气的对话。

2015年8月，黄灿滨在老挝调研，老方财政部一位年轻的司长直言不讳地告诉他，你们在老挝投入确实很大，但以前都是你们自己做，项目完成之后交给我们，我们也不知道自己应该做什么。这一点，我们是不满意的。

"他的话对我触动很大，怎么花了钱还不讨好？"黄灿滨说。

窗户纸捅破了，新的思路也就理出来了。

在北京，黄灿滨向上级主管部门和盘托出自己的想法："在项目执行过程中，潜移默化地把我们的理念、经验、做法让当地人接受，这应该是我们的一个出发点。否则，做再多，也成效不大。所以这次我们一定要让他们参与进来，让他们有拥有感、责任感、使命感。从可研开始，我们就一直强调，这不是一个单纯的援助项目，而是一个合作减贫计划，我们始终强调合作两字，有钱出钱，有力出力，一定要把双方绑到一块儿干，宁可多磨合，宁可慢一点，宁可辛苦一点，也要让这个项目植根于民，这么做需要很强的韧性和耐力。"

于是，就有了联合项目办、双主任制，这一点是广西最早提出来的，得到了中国国际扶贫中心的认可。

老挝篇

黄灿滨坦言，这是中国村级减贫合作项目第一次"走出去"的具体实践，实施好这个项目，将有利于打造中国减贫的"海外样板"。把老挝项目交给广西来实施，责任重大，使命光荣。

黄灿滨说，可研考察时，专家们就和村里的农户坐在一起寻找贫困的原因，为什么贫困？解决这些问题要采取哪些措施和办法？修路呀，培训呀，等等一系列要求就提出来了，这就上升到项目了。"缺什么补什么"，缺的太多了，项目资金有限，那就让农户投票排序，首选是哪些？先从最要紧的事情做起。

东亚三国的减贫合作示范项目由中国国际扶贫中心牵头落实，该中心李绍君处长参与了老挝项目的可研考察。

项目选点也经历了一番波折。起初，老挝方面推荐的项目点是一个偏远的村落。据说，老挝的一位国家领导人曾经在那里打过游击。那天去考察选址，司机知道道路险峻，临行前还举行了祷告仪式。在路上走了8个小时，路面颠簸，车子上蹿下跳，沿途还不时有飞石溅落。李绍君坦言："下车后人都快站不住了。"那个项目点被否掉了。李绍君说："道路这么危险，专家出事了怎么办？项目做成了，怎么请来人参观？怎么示范？"

由于老方不情愿，为更换这个项目点开了很久的会。"双方谈得太艰难了"李绍君说。两年多后，那个被否掉的项目点路修好了。李绍君表示，如果做二期，就可以考虑把项目村放在那里。

最后中老双方商定，项目点选在万象市桑通县版索村和琅勃拉邦象龙村。建设内容包括乡村基础设施（乡村道路、饮水工程、桥梁、通往生产区桥涵），农村公共服务设施（村活动中心、卫生室、学校师生宿舍、操场、厕所、教学器材、太阳能路灯、学校师生宿舍床架），农户生计改善（养牛、养鸡、玉米种植、大棚蔬菜种植、露天蔬菜种植、传统手工织布、旅游民宿），机构和能力建设，项目管理与技术援助等五个方面。

选村民呼声最高的事情做

选点之后是选项，请村民排排序，拣选出最紧迫解决的问题。李绍君抱病一次次进村入户征询农户的意愿。她还带去了一个中国乡土味十足、颇具仪式感的做法，让村民朝碗里投豆子，给具体项目排序。

李绍君记得，那天，版索村的村民大会是在一处正在建设中的庙宇工地上举行的，村民团坐在未完工的台阶上。会场挂出一张示意图，先由黄灿滨出面说明规则。村负责人组织投票，现场宣布结果。"投豆子的方法简单透明，一目了然，很受村民欢迎"，李绍君说。那天会场的气氛特别好，村民热情高涨。

"只有村民最了解自己的真实情况，我们在其中更多的是扮演一个引导的角色。这样做，既满足了他们的需要，又能提高他们的参与热情，还有利于后续的项目开展。"同样全程参与了项目可行性研究工作的黄灿滨这样说，"村民们对合作项目的参与度一直非常高，各类项目都是由村干部组织村民讨论，根据实际情况提出村里最迫切需要解决的问题，中国扶贫专家组再对问题有针对性地作出援助计划。"

范西宁说："援老工作中，中方在项目选择上广泛听取群众意见，项目建设过程中引导村级成立实施小组和监督小组，确保按时按质完成，项目建成后引导村级制定好后续管理办法。"

选项排序，需要召集村民大会决定。"白天村民们要下地干活，那我们就晚上去。本以为不会有多少人来，但那天竟然座无虚席，全家老

老挝篇

桑通县版索村的木桥

桑通县版索村钢结构新大桥

少甚至自家的狗都带来了。从晚上8点钟开到了11点，这在他们村里是史无前例的场景。"黄灿滨回忆道。

在版索村，人们呼声最高的是修桥。

老挝河流众多，河网密集，人们凭水而居，依水而生。

一条河流横亘在版索村的居住区和耕作区之间，一座年久失修的危桥跨在河面上，桥面上的木板七零八落，残破不堪，走上去摇摇晃晃，步步惊心。

桥，是版索村最大的痛点。

黄灿滨说："版索大桥是村民外出的必经之路，经过勘测设计，我们决定修一座总长90米，宽5米的钢结构桥梁。这是老挝项目最重要的一环，也是投资概算最多的工程。与此同时，还启动了生产区涵洞查勘项目。"

象龙村村民投工投劳铺设水管

老挝篇

象龙村村民连接水管入户

象龙村最大的痛点是饮水。当广西减贫专家组织村民自己选项目时,村民们一致要求首先解决饮水这一难题。

来自广西天等县农技推广站的农艺师农名迎常驻琅勃拉邦。他说:"象龙村虽然依山傍水,但村民喝不到洁净的水。一户人家每月大概要花费25万基普,折合人民币200元买水。对困难家庭来说,这是一笔不小的支出。根据村民意愿,联合项目办决定在村头建蓄水池,把干净卫生的饮用水接通到各家各户。"

在象龙村,项目实施也是从"踏遍青山"起步。翻译苏有朋说:"他们在扶贫工作上很认真,负责任,吃苦耐劳,不管路多远多难走也要到达目的地摸清楚情况。"功夫不负有心人,中国专家翻山越岭寻找水源,

桑通县版索村活动中心

最终在距离村子 5 公里的双山找到干净的山泉水。"他们都是实干家。"当地群众这样夸赞中国专家。

黄东河原是广西扶贫办培训中心主任，2019 年 8 月赴老挝出任第二任专家组组长。他强调，这虽然是一个政府主导、群众参与的项目，但当地村民的参与程度至关重要。在施工中，我们尽量吸收当地农民劳务，让他们参与到改变家乡面貌的建设中来。

黄东河说，农村社区整体提升这种扶贫模式，影响力比交钥匙工程要大，老百姓参与进来，中老两国人员不断互动和交流，增加了了解，建立了感情。

广西扶贫专家和老挝当地政府合力，在村民自愿的前提下，组织大家投工投劳，开挖、回填水沟 4000 米，铺设水管 1.3 万米，从 5 公里外为象龙村引来符合饮用标准的山泉水，还将水管接到了每家每户。通过

老挝篇

设计优化和群众参与,将饮水入户工程造价从预算的人民币 200 万元降低到 67 万元。

象龙村妇女主任阿安说:"过去村民们都要去琅勃拉邦市过泼水节,如今在家门口就能用自家的水泼水祈福,过真正意义上的泼水节了。"

繁重的工作,炎热的气候,使得黄东河血压飙升。5 个月后,他不得不撤回国内。广西外资扶贫项目管理中心急派范西宁接任。

东亚减贫示范合作技术援助项目故事选编

扶持谁，谁来扶，怎么扶？

中国减贫专家运用脱贫攻坚精准识别经验，首先在项目村解决"扶持谁"的问题。这些中国专家在国内大多坚守在扶贫一线多年，经验丰富。他们在广西精准识别入户调查表的基础上，结合老挝社情民意，形成涵盖住房、家电、农机、人均土地、子女教育、家庭劳动力、健康状况等14大类20项指标的老挝项目农户调查表，指导老挝各级项目管理人员开展入户访谈，建立农户贫困信息档案，综合考虑老挝国定贫困标准，对全部农户贫困状况进行分类，在项目政策和活动上对贫困户和中低收入户予以倾斜支持。中国专家的评价模式给老挝前农林部农村发展与合作社司司长、减贫基金会主任吉特·塔维赛留下了深刻印象。

培养一支高水平的扶贫队伍来解决"谁来扶"的问题。黄灿滨说，我们采用中老合作、政府主导的工作模式，建立包括老挝国家以及省（市）、县、村的四级项目管理机构，并引入社区管理、采购管理、财务管理、第三方监测评估等理念和项目信息管理系统，形成适合老挝实际情况的各项管理制度和工具，指导老方各级项目管理人员规范实施项目。

将村庄建设和群众能力提升相结合，实现可持续发展，从而解决"怎么扶"的问题。专家组利用我国政府援外项目资金和广西壮族自治区政府配套资金，在版索村和象龙村实施以基础设施和公共服务设施建设、产业发展、能力建设等为主要内容的减贫合作示范项目，不断提升项目村自我管理、持续发展的能力。

"中国也是发展中国家，却对老挝帮助这么多，充分展现了中国作为负责任大国的形象，也体现了中国引领构建人类命运共同体的理念。"中老联合项目办公室老方负责人纳玲通这样表达内心的感受。

老挝副总理本通高度评价东亚减贫示范合作技术援助项目。他表示，中国政府不仅在资金上提供支持，还在经验上、理念上、人才技术培训上提供支持。希望中老双方将项目建成典范，带动周边村庄发展。这是维护好中老两国深厚友谊的具体体现。

扶贫先扶智，教育兴则国运兴。老挝财力有限，投入教育基础设施建设资金比较少。桑通县版索村学校是一所集小学、初中和高中为一体的学校，学制为小学5年、初中3年、高中4年。2018年，全校师生599人，其中教师50人，学生549人。寄宿教师22人，学生100人。由于资金投入不足，学校的基础设施十分落后，师生宿舍是篱笆围的木架房，操场整天扬尘，师生苦不堪言。

"学校建于1973年，以前的教室是砖木结构，已经破损严重，宿舍是家长帮忙搭的茅草房。"版索村副村长乔这样告诉中国专家。

援助版索村学校建设，改善学校基础设施条件和教学条件，是老挝项目的重要内容。援建的项目有学校师生宿舍各300平方米、标准篮球场（加球架）1个、厕所（含淋浴间）50平方米及物理、化学、电教、体育等教学设备，先后投入资金折合人民币110.28万元，占版索村基础设施项目（版索桥项目除外）资金的24.56%。

中国专家格外关心学校的项目建设，冒着酷暑和扬尘，到学校了解项目进度，指导项目管理。中国国际扶贫中心和广西扶贫办的领导也非常重视版索村学校的建设，亲赴老挝参加学校教师和学生宿舍的开工仪式，大力推动学校项目的建设。2020年，援建项目全部竣工验收后，学校面貌焕然一新，学校师生喜气洋洋，都说"非常感谢中国！"

联合项目办在老挝两个项目村共建设桥梁、村内道路、饮水入户、活动中心、卫生室、学校师生宿舍、太阳能路灯等17个基础设施和公共服务设施项目，2891人受益；组建项目村农民合作组织，并开展养牛、大棚蔬菜、织布等项目活动，覆盖农户176户；累计开展老方项目人员培训9次、来华培训考察4次、"友好村"交流互访活动2期。

老挝篇

"整村推进"才能起到示范作用

初到老挝,覃延学只身一人孤军奋战了一段时间。

覃延学身板硬朗,脚力健,登山爬坡年轻人都赶不上他。勘察中,老方陪同人员实在跟不上他的脚步,有的竟坐在地上哭了起来。似乎是解释自己为什么这么"风风火火",覃延学说,这是我国第一次把中国的扶贫经验带出国门,容不得半点懈怠,就要做出个样子来。同事们说,"他在国内也是这个做派。"

性格豪爽的人走遍天涯也不会落寞,他在老挝的朋友越聚越多。国内检查团到老挝发现,老挝农林部长见到覃延学就走上来热情拥抱,并说:"你随时随地可以来找我。"覃延学则笑着回应"您还欠我两顿酒。"

"我们在工作能力、工作节奏、下乡走路上都跟不上他。"农名迎从心里敬佩覃延学这位师长,老方国家联合项目管理办公室的人也这么说。中国国际扶贫中心领导对覃延学的评价是:"最得力的前方推进者。"

老挝电力比较充足,80%的电力卖往国外。除此之外,道路、住房等生产生活条件都很差。在中国,扶贫由政府主导,各行各业一起行动,成效显著。但老挝政府财力不足,调动各种资源的能力有限,基本没有什么钱投到农村。长期以来,老挝农民对扶贫也不抱多大期望。他们的生活很简单:吃,一点米饭蘸一点佐料就是一顿饭;穿,一双拖鞋、一条短裤、一件短袖衫就能过一年。版索、象龙两个村庄,有土地的农户只占三分之一，三分之二的人家靠租种土地和打工过日子。刚去的时候，当地人并不相信中方专家能给他们做什么事情。覃延学想，合作减贫，首先要让他们动起来。

覃延学说，两个项目村普遍都比较穷，条件很差，如果单单搞一项，就起不到示范作用。所以我们在确定项目的时候，从路、水、照明、住房到教育、卫生、旅游，全面选定一些项目，通过三年建设，让村庄得到整体提升。我们在项目实施中，坚持了两个原则：一是尽量让村民参与，譬如兴修道路两旁的排水沟、铺设饮水工程的管道等工作。人嘛，越投入，越珍惜。村民通过参与建设，知道来之不易，也有利于后期的维护和管理。二是充分尊重受援国的国情和民俗习惯。本来按照协议，东亚减贫项目老挝人员一切费用由老方自理，但实际执行中，你不发放补助，他们就不跟你下乡。我们带去一套扶贫的工作方法，一套中国方案，我们也寄望于在项目实施过程中，老挝的干部能学会、掌握这些方法。后来我们就拟定了一个财务管理制度，下乡给补助，每天10万老币（约合人民币80元）。按照老挝的习俗，逢年过节要送礼，我们也做了规定，每次不超过20万老币（约合人民币160元），送上一个花篮，里面装上葡萄酒、水果或者咖啡。

东亚减贫示范合作项目在老挝总共有15个工程项目，只有版索大桥和路面工程因为投资达到一定标准，按照相关规定要在国内招标外，其他14个项目全部在老挝采购。这些项目除了版索村内道路由中国分公司中标外，其余项目全部依靠当地来组织实施，充分发挥他们的主体作用。"最初，老挝方面一直担心，中国专家会把项目全部交给中资公司承担，那时他们明显热情不高。"覃延学说。

覃延学进一步解释说，事实上，这些子项目由中国公司来做其实得不偿失。除了设备运输成本，还有人工的管理难度。老挝一个月有两个佛日，那是不工作的，周末绝不加班，白事红事请假，这一点，中国公

老挝篇

司很难适应。因此，只要符合条件就给老方公司来做。事前，尽量动员老方公司参与投标。评标的时候，至少有5个专家参加，中方专家2个，老方3人，评标会还邀请老挝农林部项目所在省、市、县、村代表到会全程监督，农林部一位司长全程跟踪，他一直在看我们会怎么做，最终结果出来，他的疑虑打消了，表示满意。

老方承建公司开始项目设计，专家组要把设计方案报回国内审批，因为两国标准不同，有些设计方案没通过。后来专家组提出，从设计到施工，原则上全部采用当地标准，验收由联合项目办主持，当地有关部门负责验收，整个项目执行就比较顺畅。覃延学说，在项目实施过程中，我们主要监督采购材料的价格，因为老方报的往往是天花板价，有的比市场价贵了一倍。我们经过市场调查，和老方协商，确保了采购价格保持在合理区间。

医务室建起来了，村活动中心建起来了，道路通了，路灯亮堂堂，工程一项项完工，两个村的面貌发生了很大变化。农户自己投资改建新房的热情也越来越高，已经有五分之二的人家建起了新房。现在到村里去看一看，小商店越来越多，房子越来越漂亮。

后来，接任覃延学的中方专家组组长黄东河从六个方面评说中老合作项目：

第一，中国专家把最好的惠及老百姓的项目带给老挝。整村推进是中国成功的扶贫经验，是一个扶贫品牌。

第二，整村推进模式在老挝实践是成功的。合作减贫光给钱不行，还要有好的模式。整村推进是一个小社会的系统工程，有路、有水、有医、有学校、有生计，把这几方面建设好了，这个地方就能改变面貌，老百姓的生活就会好起来。这是当地群众对我们项目认可的主要原因。

第三，项目不是把中国经验简单移植过去，而是结合老挝的国情民情、具体情况来综合实施，因地制宜，精准施策，可持续发展。

第四，这种模式是物资、技术、人员三位一体的援助，既授人以鱼，又授人以渔。从实际效果看，种菜、织布等生计项目，见效快，效益好。

第五，项目实施给老挝培养了一批懂规划，会管理，撤不走的专家、技术员和项目官员。

第六，通过这个项目，促进了两国之间的互相了解。老挝来华培训的人员到了广西龙胜县观摩后很震撼，引发了他们的思考：龙胜的自然条件比他们差，龙胜能做到，为什么我们做不到？

老挝农林部农村发展与合作社司前司长、减贫基金会主任吉特·塔维赛在外国援助项目的监督与管理方面具有丰富的经验。他曾有 10 年时间负责跟进世界银行、国际非政府组织、新加坡、瑞士以及欧盟的援老

琅勃拉邦市象龙村夜景

老挝篇

项目，曾任日本、韩国国际协力机构顾问，也曾任世界银行资助项目的主管超过3年。

在吉特·塔维赛看来，中国专家是"伙伴""朋友"，他尤其称道中国专家的适应性、同情心和真诚。他说："他们工作就像为自己的国家一样卖力。"

他对老挝项目的评价是："项目整体工作与当地情况相适应，对减贫事业和社区能力建设都产生了非常积极的影响。"为此，他建议说：老挝人民民主共和国长期遭受贫困，人力资源匮乏，基础设施薄弱，农村地区尤其如此。因此，在宏观层面上，建议中方与老挝进行更多系统性、长期性的合作，比如开展五年合作计划，或是从现在开始直到2030年的合作战略。在操作层面上，他建议逐步把合作从减贫项目转到更加重要、干预期更长（3~5年）的项目上。他说：最好能有更加全面、一体化的干预活动，例如提高收入、改善民生、改善文化和思想、提高基层党组织和机关的能力等。

你好，阿覃

村上春树的随笔集在中国受到不少读者喜爱，这本书中文版译名《假如真有时光机》，而它日文原版的书名是《老挝到底有什么？》。有人到老挝旅游，喜欢随身带上这本书。他们说，最吸引人的章节是描写老挝的那一篇《伟大的湄公河畔》。

村上钟爱琅勃拉邦，他写道，在琅勃拉邦小城最应该做的事情是巡游庙宇寺院，那里大小寺院遍布，通常被称为"佛都"。日本到琅勃拉邦没有直达航班，村上把越南河内作为中转点。在河内转机的时候，有越南人一脸不屑问："你干吗跑到老挝去呢？"面对这样唐突的诘问，矜持的日本人一般不会做出回应。可是他在书里一往情深地写道，琅勃拉邦风景里有气味、有声音、有肌肤的触感。那里有特别的光，吹着特别的风。

覃冠学应该属于能感受到琅勃拉邦"特别的光，特别的风"的人，他在那里生活、工作了一年多，收获了足够回味一生的情谊，那是他生命中一段独特的体验。走在象龙村街头，老人孩子都会笑着和他用中文打招呼"你好！阿覃。"

覃冠学，壮族，为人低调、谦和、温润、沉稳。2013年，他从部队转业到广西外资扶贫项目管理中心，脱贫攻坚中，到柳州市融安县大坡乡同仕村当了第一书记。那是一个大山里的村落，壮族多。像覃冠学这样年富力强的扶贫干部，工作最繁重。儿子小升初那年说过一句话，覃冠学一直记着，"老爸你都没去开过一次家长会。"在同仕村挂职的某

老挝篇

图为琅勃拉邦市象龙村卫星鸟瞰图

一天，有个南宁的电话打到他手机上，接听后才发现，是儿子的班主任。老师告诉他，儿子调皮，在学校不听招呼。覃冠学连声致歉："很对不起，老师您多费心，因为我不在家，我都是在乡下。"老师也理解了，说："难怪平时都是妈妈来学校，我都没见过他父亲。"挂断电话，覃冠学有一种负疚感，自忖对儿子的关心确实欠缺了太多。

去老挝那年，儿子读初三。2019年6月，覃冠学特意回国，因为儿子要中考了。覃冠学向领导请假说，这个时候比较关键，平时关心的比较少，在关键的时候回去给他鼓鼓劲，给他一点安慰。

农名迎是第一任琅勃拉邦市联合项目管理办公室中方主任，2019年2月，覃冠学接续农名迎常驻琅勃拉邦出任联合办中方主任。

覃冠学回忆说，我是2018年9月22号中午到的万象，很快，从南宁一个半小时就飞到了。那时候天气非常热，老挝每年4月中下旬以后开始进入雨季，一直持续到10月中下旬左右。从11月到来年3月属于旱季。

看上去，万象如同中国的一个县城那么大规模，高层建筑不多，仅有的几栋高楼都是中国人过去以后开发的。

抵达万象的第二天，覃延学、罗剑就开车送覃冠学到琅勃拉邦，不到380公里路程走了10多个小时。

覃冠学说，整个老挝从南到北，只有一条贯穿的主要公路，就是13号公路，其实就是它的国道。当时我们坐了一整天的车，途中打尖吃饭稍事休息，早上8：00从万象出发，一直到晚上8：00才到琅勃拉邦我们的驻地。

从琅勃拉邦驻地到项目点20公里。象龙村是一个被南坎河环绕的半岛型村庄，涨水的时候，泥沙推到岸上，土地肥沃。全村874人，早年间专门为皇室饲养大象。这里的茄子非常出名，一年长三茬；另外还有玉米、辣椒、小番茄等作物。象龙村还出产一种玉米棒，个不大，长得很饱满，非常好吃，糯糯的有嚼劲。但这些物产都形不成产业规模。难点在于雨季降水不停，要排涝；进入旱季就要到河边挑水浇灌，劳动强度较大，家里缺少劳力的就做不来。

象龙村距离飞机场比较近。一放暑假，有的人家早上煮一大锅玉米棒，大人用摩托车驮着一个小孩，去往飞机场的公路两旁贩卖。四五个玉米棒卖一万老币，合人民币8块钱。

覃冠学说，刚到象龙村，我脱口而出村委会的房子太破旧了。翻译阿咪说，覃主任，有些地方比这个还要差呢。阿咪是琅勃拉邦市联合项目办聘请的翻译，年龄30出头，祖籍广东潮州，爷爷是华侨。阿咪父亲是琅勃拉邦商会的副会长，在老挝属于知名人士。到了阿咪这一代，已经不大会讲广东话了。她是在厦门华侨大学学习的汉语。阿咪为联合项目办工作了两年时间，后来结了婚准备生小孩就辞职了。

覃冠学介绍说，老挝项目在两个村都兴建了村活动中心，修建了学校师生宿舍楼，改建了村卫生室，扩建了病房，建了公共厕所，建成一

老挝篇

通往象龙村卫生室的旧路

通往象龙村卫生室的新路

个饮水工程，安装了太阳能路灯。

覃冠学说，过去村里的道路很烂，车一开过去尘土飞扬。人们就在那种环境里喝啤酒吃东西。他们吃没有问题，我们吃了就拉肚子。在那里，专家组几乎每个人都拉过肚子，一拉就好几天，走路都没力气。

整修村内道路，硬化路面之后，路上就干净清爽了。路修好后，接连有几户人家开始建新房，以前的路太差，一些建材运不进来。

过去，一到夜晚，村里黑黢黢的，死寂沉沉；现在夜幕降临，华灯初上，村庄顿时有了活力。过去，人们聚餐要去琅勃拉邦，现在，周边村庄的人们都喜欢到象龙村聚会。年轻人到这里喝啤酒、放音乐、吃烧烤、唱歌、跳舞。他们说，你们象龙村太幸运了，有中国政府援助你们把村子建得这么漂亮，好羡慕你们。

修路的时候，村民找到覃冠学反映，通往山腰村卫生室的那段约30度的斜坡路，雨天摩托车、拖拉机开不上去，曾经发生过孕妇从摩托车上摔下来的事故。覃冠学实地考察卫生室门前那段砂石路，路旁草丛里的山蚂蟥叮到他的脚面上，血渗了大半天。说起这件事，覃冠学仍然心有余悸："谁能想到，老挝的山蚂蟥个头那么大！"

老挝项目根据村民意见，修建了从主路到卫生室路段。路修好了，周边7个村老百姓都能来看病，方便多了。

山泉水引来了，路修通了，太阳能路灯亮起来了，村民沿路建新房，卖烧烤的小卖部从5家增长到11家。夏日晚上，象龙村小广场上人声鼎沸，格外热闹。覃冠学说，"村里人的精气神都变了。"

阿兑是个30多岁的单身女人，她家是贫困户，有一个老人，还有哥哥弟弟的三个身患残疾的孩子。这样的家庭成员结构迫使她不得不一次次向客人解释，"孩子是哥哥弟弟的，我未婚。"路修好后，她家修起围墙，养鹌鹑、卖烧烤。覃冠学去家访，只见阿兑在院子里种了花草，收拾得干干净净。覃冠学替她算笔账，大概一年收入约合两万元人民币。

老挝篇

老挝琅勃拉邦市象龙村旧村公所

中国援助老挝琅勃拉邦市象龙村活动中心

阿兑对中国专家充满感激之情，一再挽留覃冠学留下来吃饭。后来，覃冠学还真带人去阿兑家用餐，但严格照价付费，也算是照顾她的生意。

阿兑的院子里，去过不少"大人物"。中国国际扶贫中心副主任谭卫平带检查团去过，广西人大副主任去过，联合国开发计划署的官员去过。以前，阿兑不大参与村里的公共事务，后来村里面大事小情她都非常热心。人民日报记者采访她的时候，阿兑似乎有讲不完的话。她说，我就是想通过你们记者来说一说中国政府对我们的帮助，写一写中国专家对象龙村的贡献。

中国援老挝减贫示范合作项目琅勃拉邦市象龙村学校师生宿舍楼

2018年11月25日，中国驻琅勃拉邦总领事黎宝光带领领事馆同事和项目联合办公室的中方专家，专程到象龙村进行了一次党建活动。

象龙村学校分小学和初中部，共有学生165人。除了象龙村，附近3个村子的孩子们也在这里就读。

象龙村的学校原来条件简陋。老师在桌面上批改作业。中午拿出从家里带来的糯米饭、酸肉，坐在桌前就餐。饭后，把作业本往旁边扒拉开，就躺在桌上休息。学生宿舍的条件就更差了。一次，覃冠学到校长办公室谈事情，无意间掀开桌面上的台布，发现桌面上有很多白蚁。

新校舍落成，教室宽敞，宿舍明亮，老师、学生高兴得像过节一样。覃冠学又动员国内的朋友捐献了一批课桌椅和电教设备。

修建村活动中心楼的时候，覃冠学发现二楼木栏杆低矮，且木条窄小，很不牢固，摇摇晃晃的，立即要求施工方更换，对方磨磨唧唧想对付过去，覃冠学坚决不答应，他严词质问："万一有孩子掉下去怎么办？"在他的坚持下，木栏杆换成了加高的水泥栏杆。

这天，覃冠学陪同人民日报记者采访。沿着崭新的柏油路，他们来到象龙村学校。周日的校园一片宁静，只听到校长万迪打扫操场树叶的沙沙声。万迪校长告诉记者，"每天一大早，操场上就跑满学生，打篮球、踢足球、跳绳……平整的操场和各种体育器械让孩子们快乐不已，这些都是中国援建的。"

万迪指着学校旁边几间茅草房说，旧校舍建于1973年，教室是砖木结构，有很长一段时间，宿舍就是家长帮助搭的茅草房。"如今，你看半山坡上的宿舍楼，是不是很气派？那是中国朋友援建的。考虑到路远的孩子中午需要吃饭休息，里面还装上了电扇，很凉快。我每天都去那里看一看，每次都会高兴得笑起来。"

"教育水平不提高，贫困就不会减少。"万迪说，"中国的科技水平高，教育水平也高，国家建设快速发展。新建的学校给孩子们带来了美好未来。老挝要把中国的好经验用起来。希望中国扶贫专家也来给孩子们上课，讲讲中国的发展，让孩子们看到更广阔的世界。"

新落成的学校宿舍楼和篮球场，让象龙村人觉得特有面子。节假日里，时常有村里人家借用球场举办婚宴。

2019年，联合国开发计划署对中老减贫合作示范项目进行中期评估，随机抽样进行农户调查。计划署官员惊讶地发现，无论走到哪一家，主人和覃冠学都很熟悉，见了面有说有笑。"沙拜哩，阿覃"（你好，阿覃）。这个场景，大大出乎他们的意料。

清晨，鸡鸣声打破象龙村的宁静。伴着初升的朝阳，村民们开始忙碌起来。女人们打开水龙头，淘米做饭、喂鸡喂牛；男人们则在一旁仔细地清洗爱车，为当天的蔬菜运输做准备；孩子们三五成群，沿着崭新的柏油路走向不远处的新学校。

这样的生活在三年多前,是村民们想都不敢想的。听到外来客人对自己家园的夸赞,象龙村人总是忍不住回顾一下过往:

"以前村里村外都是土路,下雨一路泥,晴天一身灰。"

回想以前的苦日子,对比如今村子焕然一新的样子,村民们心里充满感激:"自从中国援助老挝的减贫项目在这里落地后,村子确实发生了实实在在的变化,我们全村人都感谢中国!"

中国专家给养牛户送去了母牛,向种植户传授露地蔬菜和大棚蔬菜的栽培技术,为织布小组购买了织布机,帮助建起了三家民宿,还设立了支持生计项目的基金……

"走出国门扶贫,这对我们来说是第一次,因此在扶贫方式方法上

2019年6月5日,桑通县版索村、琅勃拉邦市象龙村村民代表到广西桂林市龙胜县大寨村进行交流学习活动

有了很多创新。"在黄灿滨看来,"友谊村"是其中最有特点的一项。

中国扶贫专家组参照"友谊城市"的做法,促成琅勃拉邦象龙村与广西桂林大寨村建立"友好村",组织两村村民互访、交流。之所以选择这两个村寨,是因为它们都靠近当地的著名旅游城市——琅勃拉邦与桂林,依靠这一优势,两个村子都可以发展旅游相关的产业。

象龙村的村民到桂林的大寨村参观时,吃住都在村里,体验了当地村民的生活,对当地的发展模式也有了亲身体验。回到老挝之后,根据中国扶贫专家给他们提出的建议,把自家的房屋改造成了具有老挝民族特色的民宿;中国扶贫专家还对他们进行了技术培训,搭起了蔬菜大棚,分发育苗种子,支持他们养鸡、养牛。经过一段时间的努力,村民们的生活也有了很大改观,一位村民感慨:学习了中国广西"友好村"朋友们的经验,我依靠种菜,收入有了很大提升,以后一定要新建一所大房子!

项目实施过程中,中国专家组织两个项目村和广西龙胜县大寨村开展了两期"友好村"交流互访活动,其中老挝参加人员25人次,中方人员15人次。

2020年1月18日,覃冠学结束援外任务回到南宁。临行前,象龙村干部、群众依依不舍,执意要送他去机场。覃冠学苦口婆心劝阻大家,挥一挥衣袖踏上回程。覃冠学留下一句话:"不出5年,象龙村将成为琅勃拉邦最富裕的村。"

东亚减贫示范合作技术援助项目故事选编

疫情之下坚守的"三条汉子"

范西宁2019年5月份提前退休了。年底的时候，转任总经济师的黄灿滨征询他的意见，能否到老挝去接替因病即将回国的黄东河。

那时，从南宁到万象的直达航班每周三次，行程一个半小时，这条线对范西宁来说是轻车熟路，而且东亚减贫示范合作技术援助项目他也曾深度参与，所以没有更多犹豫，就接受了任务，担任老挝项目中方常驻专家组组长。2020年的1月11号，范西宁到达万象，当年9月27日与罗凤宽、李祥平一同回国。

他们三人后来被同事称为新冠疫情期间，坚守在项目点的"三条汉子"。

范西宁很早就接触了东亚减贫项目。2012年12月，他曾随中国国际扶贫中心的何晓军副主任、李绍君处长一行到老挝考察。2015年，他作为专家组成员又参加可行性研究的调研。2016年12月，范西宁赴万象参加了东亚减贫项目的启动仪式。

2015年7、8月间，范西宁两次赴老挝调研考察，并参与撰写完成了可研报告，上报到中国国际扶贫中心。2016年的7月，范西宁在商务部参加了竞争性磋商，广西外资扶贫项目管理中心正式拿到了援老减贫示范合作技术援助项目，成为项目实施单位。

范西宁2020年1月11日赴任的时候，还是岁月静好，孰料风云突变，国内1月20日宣布新冠肺炎"人传人"，1月23号武汉封城。回国办理签证手续的李祥平回不来了。

老挝篇

　　李祥平是广西河池市凤山县人，1966年出生，1990年从部队复员到县扶贫办工作，2017年调到县城市管理执法局，四级主任科员。黄灿滨、范西宁了解李祥平的才干，虽然年过五旬，但扶贫是把好手，专门发函抽调他参与老挝项目。范西宁说："我们从基层抽调人员的时候，就把他列在大名单里面，实际上他是我们最优先考虑的人选。"虽然工作调动了，但20多年的扶贫岁月成了李祥平心心念念的牵挂，心里揣着一团化不开的情结。听到广西外资扶贫项目管理中心的召唤，李祥平想，到国外去，把中国的扶贫理念和自己这么多年累积的经验传授出去，是一件好事，错过了这次机会，可能就是自己扶贫生涯的遗憾。时年53岁的他，那时还添了一份念想——"将来孙子知道爷爷出国扶贫的经历，也是件挺有面子的事。"欣然应召赴命。

　　李祥平第一次拿到的是一个短期签证，只有一个月期限，期满前必须回国履行相关手续才能换到长期签证。回国换签证期间，他又参与接待了老挝农林部副部长坎本纳率队的访问团。没承想，待他准备返回万象时，疫情暴发，商务部连发了三个文件，暂停派出驻外专家。

　　转眼到了3月下旬，出入境有所松动，范西宁打电话给李祥平，要他抓住这个窗口期返岗。李祥平二话不说，只身一人辗转昆明搭乘飞往万象的航班，肩上背着双肩挎，手里提着大箱子，里面满满的装着口罩和藿香正气水、连花清瘟胶囊等药物。说起一路的仆仆风尘，李祥平自称"活脱一副打工仔模样"，但在范西宁、罗凤宽眼中，他却是"最美逆行者"。

　　当时，万象的口罩价格一路飙升，从10万老币一包狂涨到50万一包，后来干脆断货，人心惶惶。李祥平的"带货"缓解了防疫用品储备难题。更让范西宁喜出望外的是，李祥平还悄悄带去了两瓶白酒。

　　罗凤宽比范西宁、李祥平抵达万象早几个月，他是"三条汉子"里年龄最小的，生于1980年。2015年10月到2018年3月，罗凤宽在"九万大山"深处的一个特级贫困村里挂职第一书记。那是一个壮族村落，距离县城三小时车程。两年半的倾情奉献，改变了山村的贫困面貌，他被自治区评为"优秀扶贫工作队员"，拥有柳州市"最美第一书记"称号。2018年3月，罗凤宽被抽调到县脱贫攻坚指挥部，担任产业开发组负责人。

谈及家庭，罗凤宽愧疚之情溢于言表。他的妻子也在县扶贫办工作。挂职"第一书记"时，大女儿不满一岁；去老挝援外，小女儿刚满三个月。他说，如果没有妻子和岳父岳母的支持，我是不可能完成扶贫任务的。

罗凤宽清楚记得，那天晚上9:30，县里一位领导打来电话说，自治区扶贫办要从我们这里抽调一位同志去老挝援外，任务很急，我们商量后决定派你去，先把简历报上来。

三天后，罗凤宽在南宁通过了扶贫办面试。一番培训之后，2019年5月2日飞赴万象。在老挝工作期间，罗凤宽主要负责版索村事项，历经了覃延学、黄东河、范西宁三任专家组组长。他说自己很幸运，受益良多。几乎每天临睡前，不变的节目是和家里视频通话。罗凤宽说，有时女儿半夜发烧，妻子一个人带孩子去医院，那是他最焦虑愧疚的时刻，觉得特对不住家人。

老挝篇

疫情之下的项目

2020年2月7日,老挝总理通伦·西苏里专程到桑通县版索村走访调研,视察了版索村桥梁施工现场,并在项目援建的村务活动中心召开群众大会。会上,他要求版索村民众要弘扬勤奋刻苦精神,借助中国援助,不断学习、提升能力,改善生计,过上自给自足的生活。

2020年2月7日老挝通伦总理(现为总书记)(前排中)到版索村调研并与村民合影留念

老挝中央政治局委员、书记处书记、中央纪委书记、副总理、监察总署署长、反贪局局长本通·吉马尼表示，中老合作减贫项目不仅在资金上提供支持，还在经验上、理念上、人才技术培训上提供支持，老挝的农村开发工作与中国的社会主义新农村建设是一致的，希望中老双方将下一步工作规划拓展好，运用好中国政府援助，将项目建成典范，带动周边村庄发展，并且总结出经验。

从 2020 年 3 月下旬到 5 月中旬，老挝政府发布了"居家令"，中国专家只能在线上办公，跟进项目。"两个月可以做多少事啊！"范西宁感叹，很惋惜，也很着急。但是，两国的防疫政策我们都要执行。李祥平说，足不出户，我们也只能通过微信与版索村、象龙村联系，想尽一切办法推进项目。

在他们的不懈努力下，项目进程没有停步。

到了 5 月下旬，疫情稍有缓解，老挝农林部也从错峰上班恢复为正常办公，中国专家迫不及待地驱车去了项目点。

版索村离万象 80 公里，乘车需要两个小时，其间有一段泥巴路很难走，遇到下雨车开不过去。罗凤宽抓住晴好天气下乡，每次早出晚归，早上 6 点多出门，晚上 6 点多才能回到住地。

随着项目的顺利推进，老挝农林部负责中老合作减贫的农村发展与合作社司司长孔乔升任部长助理。他在接受记者采访时表示，减贫工作是老挝的重中之重，中国不仅从资金上给予支持，而且还在扶贫理念、人才技术方面提供了有力支撑，派出常驻专家，成立联合项目办由双方共同派员参与项目管理，这是一个创新，是一个新的扶贫模式。

李祥平说，伴随项目的成功，"农村发展"在老挝成了热词。因为第二年要召开党代会，当时各地、各部门正在选举代表。新任农村发展与合作社司司长本占结合项目以"农村发展"为主题发表演讲，受到热烈欢迎，全票当选党代会代表。

老挝篇

范西宁不无得意地说，"本占是广西农大毕业的硕士，是我的师弟，同一个专业的。"

为抢回疫情耽误的进度，中国专家加快了节奏。人手少，事情多，每个人都成了"万金油"，他们拿出国内扶贫"5+2，白+黑"的劲头，完全放弃了周末休息。

范西宁说，老挝防疫居家令结束以后，为了快速推进项目的实施，6月8号我们在象龙村召开了一次项目推进会。这是中方专家团队特别谋划的一次活动，因为象龙村生计项目做得比较快，有一定基础，我们就在那里举行观摩交流，给大家鼓鼓劲。事实证明，那次会议对项目的推进确实起到了很好的作用。

7月底，中国专家又开始一项工作——协助老方向中国政府申请二期项目。按照老挝的办事程序，首先要从农林部报到老中合作委员会（简称老中委），老中委除了跟中国的大使馆对接外，还与我国的商务部、国际发展合作署有工作联系。为此，老中委在8月28号、9月15号和10月9号三次到项目村考察。

9月15号那天，老中委的凯玛尼主席和中国国家国际发展合作署的邓波清副署长约好了下午两点举行视频会，上午还专程赶到版索村进一步了解中老合作的减贫项目，听取范西宁和老方主任纳玲通、桑通县县长朋沙湾·西里潘介绍项目推进情况和取得的成效。

凯玛尼对项目的组织实施给予充分肯定，高度赞扬项目设计的灵活性和可持续性。她指出，希望老中双方认真提炼好、总结好经验做法，使项目的示范性、可复制性得到有效推广。

座谈会上，版索村副村长说："非常感谢中国的援助，在中国政府还没有援助之前，我们村内道路是泥巴路，天晴时，尘土很大，车一过，路人都捂着鼻子，屋顶、路边树叶都是灰蒙蒙一片，村民都不敢坐在家门口聊天，吃的东西也不好放在外面。现在中国政府援助我们的沥青路修好了，村内道路整洁干净了，村民出行方便了，环境卫生也变好了，很多村民也开始把食物摆在路边卖了。还有十几天我们的桥梁就建好了，更是大大方便我们村两个自然屯群众之间往来了，小孩上学就更加方便了，车辆不用绕到河里涉水了，大车、小车都可以从新桥开到生产区运输物资了。之前，我们连做梦都不敢想有这样一天，能够有一座钢铁架桥从我们村河面跨过，真是太幸福了。谢谢中国政府！"

凯玛尼非常感谢中国政府在资金和技术上给予老挝贫困乡村的大力支持和帮助，她要求全体村民一定做好项目后续管理并使其发挥长久效益，特别是生计发展，不能只是"等靠要"，要改变思想观念，要思考如何才能持续增收。她非常赞同中方专家提出的"授人以鱼不如授人以渔"的观念，强调村民要有自身"造血"功能，才有长久收益。

下午开完视频会，凯玛尼给范西宁发了一段语音，告诉他，与邓副署长的视频交流非常好，感谢中国专家详尽的介绍。

范西宁说，那天，他主要是从三个方面加深凯玛尼主席对项目的了解和认识：

第一，项目的综合发展性。除了基础设施、公共服务这种看得见的硬件建设，我们还做生计发展，加强能力建设的支持，有大量的培训，有当地的培训，有来华的培训，有相互的交流。

第二，瞄准可持续发展。尤其是生计项目，我们设计并帮助建立了村一级项目实施组织，成立了项目管理委员会、监督委员会、财务管理小组。每一个子项目，比方说养牛、养鸡、蔬菜，还有织布都有生产小组，在村一级建立了项目实施的管理组织机构，保证他们下一步自己组织发展的时候，有机制上的保障，提升项目村的自我发展能力。组建联合项目办公室是一个创新。双方绑在一起干，共同商量，共同推进，通过这种模式，本土的项目管理团队就成长起来了，管理能力也得到了提升。

第三，我们还专门设立了一个生计项目的发展基金。这是一笔滚动使用的钱,每个村给 20 万人民币,生产小组的成员可以每一次借 400 万老币,约合 3000 多元人民币的资金额度。象龙村茄子种植户用这笔钱解决灌溉问题,有的人家年收入可以超过一万元人民币。

在中老双方的共同努力下,除了因暴雨连绵版索桥拖后了工期,其他项目都如期完成。中国专家回国前的 9 月 22 日,在农林部举行座谈交流会,与会者除了农林部官员,还有地方政府代表和村民代表。农林部副部长坎本纳即席发言,对项目做出高度评价。

他说:对于这个项目,老挝政府和人民给予很好的评价。这种项目从来没有过,体现了农村发展的新途径,现在看来这个项目的路子是走对了。我本人要给予这个项目最高评价。第一,这个项目是中老双方两党、两国政府落实命运共同体的体现,所以群众舍不得你们走,因为你们是真心来帮助我们的。第二,项目的实施很标准,每一项都是按照高标准高要求来完成的。第三,村民得到了生活的提升,特别是生计项目的实施,给村民们带来了经济上的收入。第四,如果中国还有这样的援助项目,我们还要继续这个模式,推广这种做法。通过这个项目,我们学习到了中国的实施模式,这个模式可以拿去指导其他国家援助老挝的项目实施。

那天会上,还专门为中国专家举行了祈福仪式。老挝干部群众争相上前和范西宁、李祥平、罗凤宽握手、拥抱,祝福他们一路平安,回国后工作顺利,幸福安康。会上,不少人泪光闪闪,说得最多的一句话是:"你们是来真心帮助我们的。"

阿安打来了视频电话

2020年10月12日晚,在南宁一条步行街的一个壮家油茶餐馆里,广西外资扶贫项目管理中心的王奕、劳小波、覃冠学为从老挝回国刚刚结束了14天隔离的李祥平、罗凤宽接风洗尘。

席间,李祥平、罗凤宽似乎有点心神不宁,无心茶饭。他们的心早飞了,因为家人前一天已经抵达南宁,迎接他们回家。

罗凤宽夫人带着两个女儿来了;李祥平夫人、儿子、儿媳、孙子都来了。

突然,一个来自老挝的视频电话打破了包间里略显沉闷的气氛,瞬间掀起一股热潮。

来电人是老挝琅勃拉邦象龙村的妇女主任阿安,她热情温婉的话语让在座每一个人都兴奋不已。

李祥平说,隔离期间,每天都能收到来自老挝的问候。

阿安的来电,又一次激活覃冠学脑海里连缀成串的一幕幕记忆。

那天,村庙里格外热闹。妇女主任阿安刚刚从中国回来,她正在和村民分享在中国的见闻。

覃冠学说,广西龙胜的大寨村和老挝的象龙村结为了友好村,直接实现了村民之间的交流,这也是一种创新和很好的民心相通。阿安能够前往中国,源于老挝项目,通过借鉴中国脱贫致富的经验,来带动象龙村的发展。

老挝篇

老法混血的阿安在人群中形象气质出众。她的讲述，吸引着身边的众乡亲。她说：大寨村的收入第一是梯田，第二是民宿，第三是种植和养殖业，全村的总收入，根据每家的劳动付出来分红。

阿安所到的大寨村，位于中国桂林的北部山区，那里曾经是人均年收入不足700元人民币的贫困山乡，通过发展多种经营，大寨村改变了原有的面貌。大寨村脱贫攻坚的做法和成效，鼓舞着象龙村的男女老少。

阿安告诉大家，我这次去中国广西的大寨村，有很多收获，大寨村有很多方面都值得我们借鉴。

有村民问，进入大寨村观光，要付钱吗？

阿安回答是要付钱的，这是大寨村的一份收入来源。

一位中年男子说，我们还没有那么发达，能做到像他们那样吗？

阿安目光闪亮地回答，只要团结起来加油干，就一定能得能做到。

象龙村距离琅勃拉邦市20公里，是一座山水环绕的古朴村落。覃冠学常驻琅勃拉邦，每周都要到象龙村跟进项目，和农民一起商讨产业发展，为村民出谋划策。

随着中老合作的减贫项目一步步推进，从村容村貌到村民的内心想法，都在悄然发生变化。

在媒体上频频出镜的阿安，俨然是象龙村的形象大使，为自己的家乡代言时，她首先说到的是水。她说：以前我们没有自来水，中国专家帮我们开通了自来水，用起来很方便。现在的象龙村，有很多家都在兴建新房。

象龙村有170多户人家，800多村民。在中国专家组织下，村民们拟好了产业发展规划。现在村民已经分成了几个产业发展小组，有水牛组、养鸡组、蔬菜种植组、织布组和旅游组。组长由村民自主推选。作为组长，必须拿出一份能够带领大家脱贫致富的发展计划。

阿龙有多年养牛经验，是水牛组的组长。覃冠学总是忘不掉阿龙在村里走家串户动员养牛的情景。阿龙最爱说：我们象龙村的环境适合养殖水牛，琅勃拉邦的人都喜欢吃水牛肉，市场销路不用愁。

阿龙看中了村子旁边河对岸的一片山地，面积有40多公顷，是绝佳的养牛场地。在阿龙的规划里，这块地将被隔成两块，一块放牛，一块种草。他说这就是绿色循环，用不了多久，村里每户人家都会有自己的水牛。

阿安领着织布组的姐妹们研究发展计划。她通过调查发现，花色丰富的布匹，市场价格高。织布组面临的最大问题是如何打开销路。对此，覃冠学早已成竹在胸。他邀请老挝卫星公司的工作人员来到象龙村架设卫星天线，同时给村里安装了光纤网络。

网上有一个中老贸易商务平台，设有专门频道进行老挝的一村一品推广。覃冠学一边拿着电脑演示，一边给大伙介绍说：你们织出的围巾、衣服，拍好照片以后，都是很漂亮的，放到这个网站上面，产品就可以卖出去了。

象龙村还有一位特殊的村民，他叫马库斯，来自德国。马库斯20多年前来到老挝旅游，发现象龙村依山傍河，一下子就被这里的优美风光吸引住了，他把自己的人生锁定在这里。

游客马库斯在象龙村安家落户。他说，我想人们都会喜欢这里的，因为村前的流水，山地的景象真的很美。马库斯在村里养了六头大象，吸引着越来越多的游客上门。

几年来，马库斯见证了项目给象龙村带来的各种变化。他说：中国专家改善了学校和村卫生院，改善了道路，这些都是目前为止我亲眼看到的。

在象龙村的产业化规划中，旅游自然也是发展的方向之一。村民和中国专家希望能够和马库斯合作，让大象成为村里发展旅游的亮点。

老挝篇

覃冠学找到马库斯商议：想通过你带动一下象龙村的民宿发展，民宿和大象结合起来，一定能留住游客的脚步。

马库斯高度认同覃冠学的想法，他说：琅勃拉邦火车站离象龙村不到两公里，中老铁路开通后，象龙村将成为去往琅勃拉邦的必经之地。中国愿意投资建设铁路，我想没有人会说不的，在这里修铁路就是发展，因为琅勃拉邦是个很难抵达的地方，铁路穿过周边山岭，会给象龙村带来繁荣。

各产业组的组长公布自己的发展计划那天，村庙里格外热闹。覃冠学清楚地记得当时村长苏立功对大伙说的话：我知道中国提出的"一带一路"倡议。我理解的丝绸之路，就是把周围国家的贸易串联成一条线，我觉得很开心，老挝也属于丝绸之路的一段。

老挝，让我仔细看看你

老挝是一个美丽的国度，古老的村落山环水抱，当地人的生活朴素恬淡，日出而作，日落而息。

山区生活艰苦，全靠大自然的赐予。老挝80%的国土都是山地和森林，缺少适宜农耕的平地，一些地方还延续着刀耕火种的开荒生活。在那里，可以见到的种植水稻的方法十分古老，夫妻俩亦步亦趋，通力合作，男人在前面边走边用带铁头的棍子戳坑，女人在后面把稻种放进坑里。古老的耕作方式无法精细化管理，收成不佳。毁林开荒也破坏了环境。为了生存，有的村民甚至不惜铤而走险，直至20世纪90年代，有的村子里还种过罂粟。

他们不知道，背靠的这座大山还藏着无价之宝。

每次从老挝回国，罗剑总要给亲友带上一些古树茶。气味芬芳的古树茶里，藏着一段佳话。这段佳话收纳在覃冠学珍藏的一部讲述中老友好合作故事的纪录片里。纪录片是由广西广播电视台和老挝国家电视台联合摄制的，时长60分钟，片名为《家在青山绿水间——志同气和》。

其中一集讲述的是一位中国老人在老挝寻找、开发古树茶并带领当地群众致富的故事。高海拔自然生长的古茶树，是拥有最纯正茶香的无价之宝。曾经被随意砍伐的千年古茶树，而今已成为了当地的致富树。苍茫的大山，沉寂的古树，芬芳的树叶，触发了一份独特的机缘，释放出醇厚的茶香。

老挝篇

自从项目实施以来，每当广西外资扶贫项目管理中心各处室的办公桌上出现老挝糖果、古树茶，大家就知道，又有同事从项目点回来了。午餐时，大家都喜欢围着晒得皮肤黧黑的回国专家聊聊近邻老挝。

也曾在项目上工作过一段的罗林敏是广西财经学院讲师，曾留学日本，主修国际经济。2018年9月至2019年7月，作为常驻专家被派赴老挝。如果把日本、中国、老挝这三个亚洲国家的农村状况做一番比较的话，在他看来，"差距是阶梯式的。"

罗林敏说，"日本农产品追求的是品质。我2004年去日本留学，一个强烈的印象是日本的农产品价格奇高，大米十几块钱一斤，西瓜在日本简直是奢侈品，合一两百块钱人民币一个，所以我一回到国内就先买西瓜吃。"

在罗林敏看来，老挝农村基本是自给自足的状态，农产品上不了规模，形不成产业，商品化程度低，限制因素是人口少、市场小，就算生产出来了，销路也打不开。另外，交通、物流、冷链等基础设施与中国相差太远，产品很难走出去。那里的农户排斥化肥、农药的使用，产量上不去。他们自称是"东南亚乃至世界上唯一一块净土"，搞的是有机农业。其实，有机农业的标准很高，对土壤、水质、空气都有严格的要求，不仅仅是化肥、农药使用的指标。看来，老挝的有机农业还有很长的路要走。

范西宁也曾提到，中外媒体上关于瘦肉精、抗生素的报道在老挝形成了负面印象，中国人在老挝投资办养猪场、养鱼场，很难获批立项。

罗林敏说，在老挝到处可以看到中国人的身影，湖南人尤多，即使很偏僻的乡村，也能看到拖家带口、开店谋生的中国人。覃冠学对此深有同感，一次在琅勃拉邦理发，店主和他用汉语攀谈，覃冠学惊奇地问："你中国话怎么说得这么好？"店主笑呵呵答道："我是湖南人。"

范西宁说，老挝民风淳朴，农村可以用路不拾遗、夜不闭户来形容。

一段时间，媒体上关于"中国大妈"赴老挝旅游不文明行为的报道比较多，形成了不好的影响。针对这种情况，大使馆分批邀请老挝县以上干部到中国观光。他们来华后看到市容整洁，高楼林立，行人彬彬有礼，才逐步扭转了对中国的印象。

即使是亲戚，也要走动；即使是近邻，也要深入交往。项目在当地形成了良好的口碑。说起历时三年，并肩奋战的日子，首先浮动在老挝官员、农户眼前的，是中国专家一个个鲜活的面容。

2020年10月17日，人民日报发表了老挝农林部副部长坎本纳·塞亚农题为《老中减贫合作成绩显著》的文章。文中说：中国援老挝减贫示范合作技术援助项目在万象市版索村和琅勃拉邦象龙村开展，这两个示范项目村是中国帮助老挝民众摆脱贫困的成功案例。我多次考察示范项目村，看到项目实施给当地群众生产生活带来积极变化。以前的村庄贫穷落后，现在村内建设了道路、饮水工程、医务所、学校师生宿舍、篮球场等，组建了织布、大棚蔬菜、养鸡、养牛和旅游民宿等生产小组，村民务工不用出村，在家就可以工作，过上了忙碌而幸福的生活。

中国援助老挝减贫示范合作技术援助项目由中老两国政府共同实施，给老挝带来了一种全新的减贫模式。该项目不但在示范村大力推进村级基础设施和公共服务设施建设，还做好民生项目的长远规划，保证村民有稳定持续的收入，帮助他们彻底摆脱贫困。

翻译苏有朋与中国专家朝夕相处两年多，和他们一起风里来，雨里去，共同品尝着事业的艰辛和成功的快乐，内心累积着一段独特的情愫。他说：每次送他们回国我心里都有说不出的滋味。很想他们，祝各位中国专家身体健康，工作顺利，他们永远是我的老师，我的师傅。说到动情处，苏有朋隔空喊话："想你们！"

缅甸篇

缅甸篇

"终于把你们盼来了"

2015年7月10日中午,云南省国际扶贫与发展中心副主任姚倩率中方工作组抵达仰光,第一件事就是拜访中国驻缅甸大使馆经济商务参赞处。一见面,蒋寅刚参赞就说:"你们来得太好了,终于来了个做民生项目的!每天面对那么多国家机构、国际组织在这一领域的竞争,我们压力好大啊。"

缅甸,这个正逐步走向开放的国度,在世人眼中仍保有几分神秘色彩。在西方媒体口中,它是"亚洲隐士";在中国"驴友"心目中,它是"佛系旅行地";在国际事务中,它是"大国博弈的角力场"。

缅甸是联合国认定的世界最不发达国家之一。缅甸中央统计局与世界银行、联合国开发计划署共同编制的《缅甸生存现状报告(2017)》显示,缅甸贫困人口1180万,占全缅总人口24.8%。

当时,与缅甸政府合作开展农村发展项目的国际组织、机构很多,主要有:世界银行、亚洲开发银行、联合国粮农组织、联合国儿童基金会、联合国人居署、联合国农发基金、美国国际开发署、日本国际协力机构、法国发展研究院、德国复兴信贷银行、国际数据公司等等。

姚倩一行为落实"东亚减贫示范合作技术援助项目"而来,工作组肩负着编制可研报告的重任。时任中国驻缅大使洪亮和商务参赞蒋寅刚更是特别看好这个项目的影响力。

云南是全国脱贫攻坚主战场,贫困面大、贫困人口多、贫困程度深，脱贫任务艰巨而繁重。在云南扶贫领域，姚倩一干就是20多年。自1996年以来，姚倩参与组织实施了世界银行中国西南扶贫贷款项目、世界银行云南贫困农村社区发展项目、中德扶贫项目、外交部·欧盟扶贫、国际农发基金云南农村综合扶贫项目等一系列双边、多边国际扶贫合作项目。她的工作经历就是见证中国不断强大的过程。中国曾是受援国，接受着别国的援助，如今是援助国，能够为其他发展中国家提供援助和有益借鉴。

从"引进来"到"走出去"，姚倩面临着全新的挑战。

谈起考察的经历，中方工作组成员胡岗感慨良多。他说，其他国家和国际组织的专家也在缅甸活动，我们去了，就和他们在一个平台表演。各国做事的方法差别很大，譬如韩国，他们在有的地方一个村投入20万美元，村庄自己选项目，竣工后提交一份项目清单就OK了。

胡岗回忆说，最厉害的是日本的协力（半官方的援外机构）。他们有成熟的经验，规范的模式。协力的志愿者制度非常完善，一年半或两年一轮换，其间有半年时间人员交叉，保持工作的连续性。协力的志愿者薪水高，单兵作战能力强，一个人背个包，就能跑到乡村去，和村民、官员打成一片。缅甸农民接触最多的就是这些日本志愿者，对他们的认可度比较高。

缅甸政府规定，不允许外国人在村庄留宿。但协力人员总有办法，能住进农户家、住到寺庙里。缅甸村村都有寺庙，走进去不难发现，协力志愿者供奉着不少二战时期日本士兵的亡灵，可见他们对缅甸乡村社会的介入之深。

云南社科院缅甸所研究员熊顺清是项目正式启动后第一批赴缅专家组成员，主要担任翻译工作。她的看法是，日本在缅甸的投资其实并不很多，但是他们的援助项目规模小、数量大、撒得广，加之浸淫多年，所以影响就比较大。比如日本把淘汰下来的公交车放到缅甸，车厢外印上日本国旗，满大街跑，好像到处都有他们的影子。

熊顺清说，有一个很奇怪的现象：日本人节奏快，做事精益求精；缅甸人节奏慢，做事比较粗线条，但他们相互认可度却比较高。虽然缅甸人劳动技能似乎差一点，但日本人家喜欢聘请缅甸妇女从事家政服务，认为她们老实本分。日本人说，技能差一点可以学习，可信赖才是最重要的。

有一件事可能姚倩、胡岗一辈子都忘不掉。刚进村的时候，曾有村民问他们，"你们能像日本人一样帮助我们吗？"胡岗说，这话听起来挺伤人，但是得承认，日本人与当地村民频繁接触，像朋友一样深入交流的效果非常好。

援外是门学问，我们起步晚，还没有形成一套从理论到实际操作的村级减贫援外规范，在某些领域甚至还是空白，只能边实践边积累经验。胡岗分析说，虽然中国在缅的援助项目不少，但有时候，我们可能太专注埋头做事了，和人的交流不够。援外首先要破除救世主观念、甲方思维，最重要的是保持平等交流心态，交流是双向的，也是一个相互学习的过程。

胡岗说，有一位缅甸农民，他学会的第一句中国话就是"慢慢来"，这话是针对考察团队完成任务的急切心情说的，现在我也学会了这句缅语。

在这个85%以上人口信奉小乘佛教的国度里，"慢慢来"有着教人不慌不燥、虔诚做事的语境，积累福报、静待花开。

姚倩认为，过去我们习惯"交钥匙工程"，少了与当地人的互动。但这个民生项目就不一样了，有大把的机会与缅方官员、农民面对面切磋、沟通。

中国国际扶贫中心李绍君处长对这个问题说得更透。她认为，以前我们一些援外项目，就是带着一笔钱，带上中国工人，找个地方，用围墙围起来，关着门做，做完了一交钥匙就完事了。我们这次不一样，做的是一个"没有围墙的项目"，让缅甸的官员、农户尽可能参与进来。虽然这样做可能推进得慢一点，会牺牲一些效率和速度，但在和当地人的互动中，就把我们在国内成功的整村推进、精准扶贫的经验和理念推广出去了，这也是一种文化传播，扩大了我们国家的影响力。我们派出去的每一位专家，他们身上的特点和素质，都体现了一种文化的综合。把这个目标放在心中，慢点就慢点呗，反正总能做完。实际上我们有计划、有进度跟踪、有定期检查，项目推进得也不慢。

李绍君说，项目没有围墙，还能拆除心墙。在缅甸开村民大会的时候，有个中年人站起来问我们"你们为什么要做这个项目？你们想从这里带走什么？"他的话引起了其他村民的反感，纷纷站起来对他进行指责。面对这样的诘问，我们中国国际扶贫中心副主任谭卫平回答得非常精彩，他说，"除了你们的微笑，我们什么也不带走。"

我们的援外专家大多是从执行外资援华项目成长起来的，胡岗最早接触的是福特基金会在云南的援助项目。他说，你能想象么？那时一个100万美元的项目，能附带200万美元培训费用，可见他们多么重视做人的工作。

胡岗说，与缅甸打交道，过去我们比较注重做上层的工作，民间的工作就很少涉及。其实做援外项目，比起那些钢筋水泥看得见的成果来说，民心相通可能更重要。

胡岗对这个项目格外有信心。他说：这次我们做的是农村社区整体提升，集中度比较高，示范效果应该会比日本、韩国的单项更好。但缅甸项目也是本次东亚三国减贫合作中情况最为复杂多变、推进难度更大、磨合更为烦难的一个。后来的事态发展证明，胡岗看得挺准。

缅甸篇

内比都在哪

2015年7月12日下午，中方工作组经过8个小时的颠簸跋涉，终于抵达缅甸首都内比都市。

曾经，东南亚中南半岛五个国家的首都有一个巧合，中文名字都是两个字。比如缅甸首都仰光、泰国首都曼谷、老挝首都万象、柬埔寨首都金边、越南首都河内。不过，这份名单早在十几年前就更新了，因为缅甸迁都了。

变化发生在2005年11月。缅甸在一片惊愕中宣布：彬马那将成为缅甸新都，更名内比都。内比都是缅甸古语，意为京都、都城。

仰光是缅甸最大的中心城市，从公元1855年开始就是首都。仰光位于莫塔马湾以北，直面印度洋，往南不远就是世界上最重要的水道之一——马六甲海峡西出口，周边是肥沃的平原，粮食供应充足。这样的位势，决定了仰光是缅甸对外开放程度最高的城市，地位似乎无可替代。

在外界的一片猜测中，缅甸官方给出的说法是——国家中心过于靠海，广大内陆地区经济发展不起来，如果迁都中部，就可以带动中部地区迅速崛起。

内比都位于仰光以北390公里，属缅甸中部地区，处于"上缅甸"和"下缅甸"分界线上。在地理分区中，"上缅甸"指该国中部和北部地区，"下缅甸"指该国南部地区，大致以曼德勒省南部、内比都为基点东西方向画线，线上（以北）为"上缅甸"，线下（以南）为"下缅甸"。

从内比都再往北320公里就是著名古都曼德勒。内比都坐落在勃固山脉与本弄山脉之间锡塘河谷的狭长地带，北依山势，南望平川。据缅甸官方数据：全市总面积2724.75平方英里，人口92万。主要居民为缅族，另有掸、克钦、克伦、克耶、德努、勃朗、勃欧等少数民族杂居于此，农业和林业为支柱产业，主要作物有稻米、黄麻、柚木、蔬菜、水果等。

新都建设于2003年开始，在一片荒原上破土动工。时至今日，内比都的城市设施还远未完备，国家行政中心迁过来了，一批高校也迁过来了，但各国使领馆、大型商业机构、金融中心仍在仰光。

这次中缅减贫示范合作技术援助项目点就位于内比都城郊，一个是达贡镇的埃羌达村，另一个是莱韦镇的敏彬村。埃羌达村距内比都市约61公里，敏彬村距内比都市80公里。两个示范项目村分别为移民村和传统村落，发展水平在当地均属于中等偏下，是典型的贫困村。

示范项目村的选择以缅方推荐、中方确认的方式进行。这从宏观层面保证了中缅双方，特别是合作伙伴高层对项目的重视和认可。中方工作组认为，作为缅方推荐的示范项目村，村庄的发展受到缅方部委高层的重视，这将极大便利合作项目的开展。同时，两个示范项目村均位于首都附近，交通条件相对便利，便于项目经验的交流推广，这是项目成功的先决条件。

根据中国国际扶贫中心在坦桑尼亚的农村社区工作经验，在国外开展社会基层群众工作，各利益方诉求不同，情况会很复杂，工作必须谨慎细致推进，调查准备工作必须非常充分。这需要与对方各层级进行反复沟通。因此，在项目可研阶段，中方工作组采取了密切联系当地群众和调动对方部门积极性的方式开展调研。

抵达内比都的次日下午，中方工作组与缅甸农业畜牧渔业农村发展

缅甸篇

地广人稀的内比都

部农村发展司以及其他相关部门举行了座谈。农村发展司司长康佐先生介绍了缅甸农村发展战略和措施，涉及村级发展规划、农业实用技能培训、村级需求评估工作流程等等。

农村发展司可谓规模庞大，工作人员竟达上千。司长康佐是个"海归"——英国留学回来的硕士。他留给胡岗的印象是"典型理工男、头脑清晰，气场强大"。在胡岗看来，缅方农村发展司的官员素质大都比较高，沟通无障碍。他甚至发现，协助中方进行田野调查的两位女青年还在工作之余自费学习汉语。但是到了乡镇一级，胡岗感觉交流就不那么顺畅了，有时对话都不在一个频道上。

康佐介绍，农村发展司有一支15人组成的村级调查团队，已在170个村开展村级发展规划调查。基于缅方具备村级发展规划经验，工作组决定和缅方合作开展两个示范村的调查。双方就镇、村两级调查议程和工作方式达成共识。农村发展司派出两名工作人员、9位社区工作者协助工作组考察。

7月14日，工作组与镇村干部座谈，了解项目村的基本情况、发展规划以及需求。会后，中方专家与缅方社区工作者商定了调查程序和方法，明确调查的方式和人员分工。

接下来两天，进入埃羌达村。工作组召开村民大会，向村民说明来意。村长选派村民代表参加小组讨论。与此同时，中方林业、地理专家实地踏勘埃羌达村的人居环境、资源状况、农田及苗圃；水利、资源专家实地调查乡村水田路、公共服务设施；社会发展专家入户调查村民的住房、卫生、饮用水等情况。

7月16日，再次召开埃羌达村民大会，对项目清单进行投票排序。

7月17日，中方工作组乘汽车再转乘小火车前往敏彬村，在寺院里召开村民大会，根据埃羌达村的经验和方法，有序展开调查活动。组织村民分组讨论完成资料收集，实地走访社区全境，了解自然资源、人文资源以及公共服务设施，通过村民代表讨论及投票，初步列出项目清单。

7月18日继续举行敏彬村村民大会，对项目清单进行排序。中间还发生了一段小插曲。在对修建运动场、村内道路排序时，女村民与男青年各执一词，发生了激烈争论。后来是村长站出来协调，才平息争执，达成了共识，建设村内道路。

之后，中方工作组进行入户调查。

接下来几天，中方工作组同缅甸农村发展司讨论项目村需求，听取农村发展司官员对项目需求清单的意见和建议。中方工作组分为资源和基础设施、公共服务、生计和能力建设、项目管理4个小组，分别与缅甸政府相关部门交流，了解缅甸政府在相关领域开展的工作，收集专业信息，征询各部门对项目村开展活动的意见和建议。

7月22日，中方工作组离开内比都市乘车前往曼德勒，两天后乘机返回昆明，第一阶段15天的调研至此结束。

回顾这一段紧锣密鼓的行程，最出乎工作组意料的是文档资料竟如此匮乏，缅方答应的数据资料直到可研报告编制完成都不见踪影。气象、地质、水文、土壤成分等基本资料几近于无，就连村庄平面图，田野地形图，都是中国专家拿着GPS，骑着摩托勘测绘制的。显然，这种情形加大了设计难度，延误了时间。

后来，编制可研报告形成了一整套系统资料，对此缅方也很珍视，特意拷贝了一份存档。

调研过程中，让中方工作组信心倍增的是两个示范项目村村民强烈的参与意愿，村庄干部显示出很强的责任心和感召力。村民对本村的发展非常热心，在需求评估和项目识别阶段，他们踊跃参与项目讨论，并表现出为便利项目开展而进行内部协调的极大诚意。

说起项目村村民，姚倩充满画面感的话语里流露着赞许和认同："就说开会吧,村民都准时来,安安静静地坐在那里,而且全程该微笑微笑、该回应回应。再看看装束,不管多旧、质地多差的衣服,人人都穿戴整整齐齐,妇女头发梳得光光的。去农户家访问,尽管陈设简单,但屋子里归置得清清爽爽,尤其是家家的厕所,不管多么简陋,都打扫、冲洗得干干净净。"

姚倩说,"看着那一双双清澈无瑕、充满渴望的眼睛,我想,这辈子就该给他们做点事情。"

项目村的孩子

缅甸篇

两个深度贫困村

可行性研究工作分为两阶段开展。

第一阶段，主要是在示范项目村进行社会经济基本情况、不同类型农户需求摸排。在此基础上，与社区和当地政府协商确定村级项目规划，形成初步可研报告。

第二阶段，主要任务是对各项目内容的规模、技术和成本进行深入论证，并就项目实施、监测、管理和后续管护等机构和制度做出安排，完成项目可行性研究报告。

2015年8月8日，中方工作组再次抵达内比都市，开始第二阶段的项目可行性调研。

经过两个阶段的可行性研究，中方工作组梳理出两个项目示范村的基本概况。

埃羌达（中文意思是"和平"）村有居民483户，2274人，劳动力数量约占居民总数的50%。村内大部分成年居民未接受过正规教育，但接受过村庄寺庙教育，成人识字率达到100%。适龄儿童入学率100%。

胡岗的印象里，埃羌达显然不是一个传统村落，民居分散，稀稀拉拉，摊子铺得很大。"你看我们云南傣族的那些老寨子，家家庭院里种有多年的果树，在埃羌达村民的院子里就看不到老树。"胡岗说，埃羌达应该算作库区移民村。移民来自不同的地方，供奉的神灵也不尽相同，全村有四座庙宇，所以在埃羌达召开全体村民大会，就不能在寺院里举行，而是找一块空地，地面坑坑洼洼，人们席地而坐讨论村务事项。

埃羌达农田缺乏，用水紧张，村民多户共用一个手摇井，不少人家用破旧的橡胶桶蓄水，农田灌溉水利设施更无从谈起。

全村从事农业生产的人家25户，共有水田50块、旱地25块。部分农户需要到三五公里外的邻村租种田地。种植农作物主要包括绿豆、芝麻、花生和水稻等。农业机械仅有少量小型脱粒机。

该村从事畜牧业养殖的人家约100户。其中有50余户饲养猪，5户饲养羊，还有部分农户饲养耕牛。另外，村内还有一个肉鸡养殖场，存栏500只，经营者为村委会工作人员。

埃羌达村农户其他生计来源为家庭手工业和外出务工。

历史上，埃羌达盛行织布，有家庭手工纺织的传统，户户都有手工艺人。此外，还有20余户偶尔从事房屋建设用的竹席编织。

村内平均每户约有2人在外打工，长年外出打工的有170人，有远赴泰国、马来西亚的，更多人选择到国内的大城市——仰光、内比都就业，从事行业为建筑业电焊工、酒店前台服务员、保洁员、制衣业缝纫工等。外出务工人员的年龄在18～40岁之间，平均受教育程度为小学。村内另有20余户人家经营杂货铺。

调查结果显示，埃羌达村贫困面大、贫困程度深。按每天一美元的标准计算，贫困户占全村总户数的2/3，中等户和富裕户约占全村总户数的1/3。贫困发生率在65%以上，远远高于缅甸国家贫困发生率。

那时，埃羌达村仅有一条主要道路，村内道路均为土路。

全村仅170户通电，占总户数的35%。其余村民采用太阳能发电或蜡烛照明，烧水煮饭主要依靠薪炭。

全村已覆盖移动网络，信号良好。每户均有手机，年轻人使用手机上网。

埃羌达村居民生活用水紧张。村内有2口传统水井，1口机井，用

缅甸篇

曾经的土路

于全村集中供水，共覆盖 200 余户村民。部分居民还在收集雨水使用。由于饮用水水质差，有条件的居民购买桶装水饮用。

村庄大部分居民住宅为竹木结构的干阑式建筑。

埃羌达村没有卫生室，最近的医院在达贡镇，骑摩托车约 30 分钟。妇女生小孩多去乡镇诊所，或者请人上门接生。妇幼保健可以上门服务，政府免费为儿童接种疫苗。

埃羌达村设有幼儿园、小学、中学。幼儿园缺乏独立的教室，小学每个班有独立教室。教室黑板桌椅完备，但校舍建筑简易陈旧，特别是高年级教室仍为木质结构的干阑式建筑。学校没有体育活动场所和设施，仅有空地供学生课余活动。缅甸教育免费，每年发给每名学生1000缅币的补贴。

缅甸的教育体制为：小学1至4年级；初中5至8年级，高中9至10年级。

敏彬村是个原生态的传统村落。一条河流穿村而过，村口火车站矗立着几颗古老的合欢树，郁郁葱葱、亭亭如盖、遮天蔽日。看到它们，人们首先会想到这个原生态村具有得天独厚的旅游资源禀赋，问题是村庄的基础条件太差了，雨季出行都是难题。

敏彬村交通闭塞，公路晴通雨阻，到了雨季只能乘坐英国殖民时期修建的小火车进村。一到雨季，河水泛滥，道路泥泞。胡岗记得，他们是踩着村民用编织袋装上木屑、沙土、砖石临时铺垫的小径进村的。专家们有的换上拖鞋，有的干脆打着赤脚。

火车站附近的棚户里住着一些林场工人，看上去很杂乱。

更让人揪心的是，敏彬村的学校就建在河边，河堤有垮塌的风险。

敏彬村有998户居民，全村分为5个村民小组，最大一个村民小组有270户，最小56户。该村总人口4546人，劳动力占总人口的70%。

敏彬村儿童初等教育入学率达100%，中等教育入学率达95%。全村村民中1/3接受过中等教育，有40人接受过高等教育。成年居民即使未接受过学校教育，也曾接受过村庄寺庙教育，识字率达100%。

全村约有1/3农户从事农业生产，1/4农户参与竹林砍伐、运输，外出务工人员比例约占全村劳动力的9%。另有少部分家庭从事畜牧养殖、手工编织、杂货经营。

敏彬村共有水田250.4公顷，旱地171.7公顷。其中，用于种植水稻的水田71.6公顷。旱地种植豆类、花生、芝麻，合计53.8公顷。

敏彬村缺乏农业灌溉设施。该村水稻种植分为雨季和旱季两季。雨季水稻为5至8月，由于依赖雨水，降水过少或过多都会造成减产。旱季水稻为 11 月至来年 2 月中旬，依靠河水灌溉。村内现有 2 口机井，10 口传统水井，96 个手动抽水泵。仅有 10% 的农户有抽水机，其余 90% 的农户需要租借。一季水稻种植的毛收入折合人民币约 230 元 / 亩，高产户收入折合人民币约 350 元 / 亩。

敏彬村畜牧业包括养殖牛、猪、鸡，均为农户散养。牛用于农活使役。

敏彬村无农地户的收入来源主要是养猪、外出务工、砍伐竹木，伐竹一天的收入约合人民币 20 至 25 元。当时，该村约有 300 人外出务工，占全村劳动力的 9%，目的地为内比都市、仰光市，出国打工多赴马来西亚和泰国。男性从事建筑业，女性多为缝衣工。

敏彬村虽然土地较多，但是主要集中在少数人手里。大部分无地农民以做帮工为生，他们一天的收入往往仅够买一天的食物。专家发现，有特别困难的人家，甚至要靠把家里的锅碗瓢盆抵押出去买米，外出打工一天拿到工钱后再把炊具赎回来做饭。

相比埃羌达村，敏彬村贫困面更大，贫困程度更深。

在村级基础设施方面，敏彬村内有一条主路，六条支线道路，均为土路，破败不堪。

该村没有电网供电设施。全村有 400 户居民使用家庭小型发电机，300 户依赖太阳能供电。

敏彬村没有卫生所，但有两家药店，并能提供妇女接生服务和独立的产包。最近的卫生诊所位于彬马那镇和莱韦镇，前者需要两个小时的火车车程，后者需要一个小时的火车车程。

全村有一所于 1986 年修建的学校。学校包括幼儿园、小学、初中阶段的教育，并可以提供高中阶段教育，但高中阶段教育尚未获得政府承认，仍在申请之中。幼儿园有 3 个无独立教室的班，小学 9 个班，初中 9 个班，高中 2 个班。教育免费，每名学生每年有 1000 缅币的补贴，学校发放校服。

该村无线通信信号很差，仅有 10 户居民拥有固定电话。

姚倩一行的调查结论是，示范项目村具有基本的基础设施，具有极大的改善空间。在水、电等基础性能源和资源方面，目前两个项目村可以通过打井、太阳能供电等方式，局部性予以解决。生计方面，村庄居民具有从事农业生产、畜牧养殖、手工业、外出务工的基础。本项目可以通过基础设施升级改造，改善村庄面貌；通过培育产业并拓宽村民发展思路，提高村民的收入水平。

此时，两个位于缅甸中部的深度贫困村正站在命运的拐点上，世代居住在这里的人们当时并没有清楚地意识到，未来几年，这里的生产、生活方式将和村容村貌一起发生历史性变化。

缅甸篇

"这里将成为缅甸最美丽的村庄"

进入缅甸,会有一种穿越时光隧道的体验。

在这片充满信仰的土地上,超凡出世与凡尘市井在缅甸人的生活中彼此交融、相依相生、苦乐随行。

缅甸有过十分辉煌的历史。16世纪80年代建立东吁王朝之后,缅甸曾一度是个很强大的国家,差一点就统一了整个东南亚。

近代以来,殖民狂潮席卷全球,缅甸也没能幸免。英国更是三次发动战争,迫使缅甸沦为日不落帝国的殖民地。此后,缅甸被划为英属印度的一个省份,首府设在仰光。

为了制衡印度,英国人不断输入资本进行开发,促进了缅甸的快速发展。一战时期,缅甸当属整个亚洲最富裕的国家。在英国殖民统治时期,缅甸的交通和教育得到较大改善,而英国在缅甸修建的水道,更使得无数蒸汽船得以航行于伊诺瓦底江之上。此外,缅甸的铁路和公路里程也有了显著增长,有效弥补了水路的不足。

在20世纪30年代,缅甸人均GDP达到700美元,已经超过当时亚洲唯一的帝国主义国家日本,发展程度位居亚洲前列。

二战时日本曾对东南亚大举入侵,缅甸成为中英同盟军和日军进行大规模攻防战的重要战场。战火致使缅甸基础设施受到严重破坏,经济发展受到影响,大批平民流离失所,缅甸的发展自此急转直下。

1948年,缅甸脱离英国统治并成立缅甸联邦。独立后的缅甸内乱不断，政局异常动荡。频繁爆发的内战和冲突，将这个摇摇欲坠的国家撕扯得破碎不堪。时至今日，缅甸依然有大量民族武装未与政府和解，严重阻碍着国家的社会治安及和平发展。统计显示，2010年缅甸人均GDP仅为648美元，不考虑通货膨胀因素，这个数字低于1930年的水平。

1987年，缅甸被联合国确定为世界上最不发达的国家之一。在联合国2014年人类发展指数（HDI）的排名中，缅甸位居187个国家/地区中的第150位。依据2011年制定的最不发达国家的三条标准，缅甸仍然被列为全球49个最不发达国家之一。

根据联合国农发基金（IFAD）的分析，缅甸的农村贫困者主要为无地农户与低于2公顷的少地农户和贫地农户，而贫困者承受着食品、营养和其他生活必需品不足的压力。缅甸的农村贫困与资源拥有量直接相关。贫困户的平均土地拥有量低于户均2公顷，而非贫困户的土地拥有量平均为户均3公顷。缅甸大部分的农村贫困者分布于沙壤为主、降雨量低并人口密度较高的中部干热地区以及偏远、耕地有限且民族冲突影响大的少数民族山区。

两个示范项目村就坐落在缅甸中部欠发达地区。

在示范项目村需求评估的基础上，中方工作组与示范项目村村民、缅甸政府有关部门、各级管理人员以及专业技术人员充分交流讨论，拟定了以下减贫示范项目内容：

敏彬村河提工程（100m）

埃羌达村集雨水窖338个（每个15m^3）

埃羌达村和敏彬村农户供水系统各一套

埃羌达村供电系统改造

敏彬村分散式光伏供电（418户）

埃羌达村和敏彬村公共照明（太阳能路灯合计166盏）

埃羌达村和敏彬村村内道路修缮（合计6.4km）

埃羌达村小型农贸市场建设

埃羌达村和敏彬村学校改扩建

埃羌达村和敏彬村卫生室建设

埃羌达村和敏彬村村级活动中心建设

埃羌达村简易运动场建设（6000m²）

敏彬村生活垃圾处理示范

埃羌达村和敏彬村畜牧繁育（猪）及养殖技术改善和推广

埃羌达村和敏彬村作物良种及栽培技术运用和推广

埃羌达村和敏彬村庭院经济示范及推广

埃羌达村和敏彬村村民实用技术技能培训，能力提升

埃羌达村和敏彬村社区组织能力加强

各级项目管理及技术人员的能力提高

　　姚倩说：我们带去的是中国的"整村推进"和精准扶贫的开发式减贫经验，因地制宜，因贫施策，以项目社区发展需求为导向，瞄准贫困对象实施精准帮扶，改善项目社区生产生活条件，增强项目社区自我发展能力，构建项目社区尤其是贫困户多样化的增收途径，为缅甸政府以及东亚国家消除贫困，改善民生提供示范。

　　通过项目的实施，特别是乡村基础设施、公共服务、农户生计改善三个分项目的实施，将极大地改善埃羌达村和敏彬村大多数村民（70%以上为贫困户）的生产生活条件；通过能力建设，村民的生产生活技能将得到大幅提高，为示范项目村的可持续发展奠定良好的基础。

　　中缅双方共同的预期是：

　　一、乡村基础设施（水、电、路）的改善，有效提高村民的生产生活条件。如：两个示范项目村农户供水工程，将基本解决1481户、6820人的生活饮水问题；农户供电项目将解决两个示范项目村718户家庭的基本生活用电；修建6.4公里的村内道路，不仅解决农户出行难，

特别是学生雨季上学难的问题，而且，还将改善村容村貌，为养殖业和庭院经济的发展提供便利的交通条件。

二、公共服务设施（学校、卫生室、村级活动中心、运动场、垃圾处理）的建设，有效增强社区发展的可持续性。

三、农户生计改善项目，将通过畜牧繁育及养殖技术的改善和推广、作物良种及栽培技术的运用和推广、发展庭院经济等项目活动，使两个示范项目村 1481 户，特别是 70% 贫困户生产性收入增加，有效改善两个示范项目村的贫困状况。

四、通过能力建设活动，开展实用技术技能培训，使村民的生活技能得到提高，增加非农经济收入，使贫困户生存空间得到进一步拓展，有效改善两个示范项目村的贫困状态。

特别令缅方称道的是，在实地调查、需求评估和规划设计过程中，工作组始终坚持经济社会环境协调发展，以及环境友好、生态友好和可持续发展的理念，并与缅甸传统文化以及村民的习俗习惯相结合。因此，项目规划设计的河堤防护、道路硬化、太阳能供电及太阳能路灯、集中供水、集雨水窖、垃圾处理、畜圈改造、庭院经济等对环境友好的项目活动，都得到村民的高度认可，获得村民代表的一致投票赞成。

一幅美好的蓝图在埃羌达和敏彬村村民面前徐徐展开。

一个美好的愿景在中国专家和缅方官员心目中渐渐清晰。

内比都市农村发展与减贫工作委员会主任 Ko Ko Naing 先生在项目反馈会上兴奋地说：如果按项目规划实施，埃羌达村和敏彬村将成为缅甸最美丽的村庄。

缅甸篇

"我爸爸是国际扶贫专家"

2018年1月23日，项目实施阶段第一批专家一行5人抵达内比都。时值缅甸凉季，天气晴朗，日均气温26—31摄氏度，专家组很快适了应当地气候。

这是云南省国际扶贫与发展中心精心选派的5名政治素质好、工作能力强、扶贫工作经验丰富的精兵强将。

李点斌（中缅联合项目管理办公室中方专家组组长）

尤官源（中缅联合项目管理办公室中方计划与财务官员）

王云龙（中缅联合项目管理办公室中方招标与采购官员）

尹振祥（中缅联合项目管理办公室中方社区发展项目官员，缅语翻译）

熊顺清（中缅联合项目管理办公室英语翻译及监测评价官员）

组长李点斌35岁，男，汉族，公共管理硕士，云南省国际扶贫与发展中心综合处主任科员。李点斌原在司法系统工作，是个监狱警察，2011年通过公选考试进入云南省扶贫办。这次出国履职一年，反对最强烈的是年方7岁的儿子小铃铛。小铃铛学名李俨凌，当时刚入小学一年级。他怎么也想不通的是，为什么爸爸这些年总是在外奔波？

2016年，脱贫攻坚战开始进入倒计时，云南省级机关增加驻村扶贫工作队员的派遣数量。那年2月，李点斌被选派到大理白族自治州的剑川县马登镇玉龙村，任驻村扶贫工作队副队长。那是一个基础薄弱的贫困山村，从昆明到扶贫点开车要走7个小时。一个月里，李点斌能回家休息的时间也就是三五天，有时碰上工作任务重，也有两三个月不能回家的情况。显然，小铃铛从记事起就和爸爸聚少离多。

2017年，李点斌获云南省脱贫攻坚奖。

还在驻村扶贫期间，李点斌就部分接触了缅甸项目的工作，参与撰写一些文案、报告等事项。2018年春节前，他的驻村任务结束。

原定的第一批项目专家组组长是位女同志，后来因为怀孕不能成行了，扶贫办只好另行物色人选。领导找到李点斌，希望他能接任。那是2017年国庆节之后的事。

不难想见，家人一边倒不赞成，小铃铛的反应尤其强烈。爱人、父母都说，下乡两年，接着又出去，还走那么远，现在孩子刚上小学，正是关键时期，能不能和单位反映一下家里的实际困难，这次暂时就先不去了，缓一下。

李点斌知道，做家里人的工作不能讲那些高大上的语汇，他也不藏着掖着，就把自己的真实想法说出来与亲人沟通。他说，从整个中心的人员结构看，三年项目执行期，自己怎么也得去一年。现在父母身体还可以，还能帮把手接送一下孩子，晚去不如早去，一鼓作气，把这一年的任务完成了，以后可以更多陪伴家人。

2018年暑假，李点斌将儿子带到缅甸，小铃铛每天跟着一起工作，一起进村走访，还在村小学交了几个缅甸的小朋友……往后的日子里，每当面对小伙伴提出"为什么看不到爸爸接送你"的诘问时，李俨凌同学总是昂着头大声回答："我爸爸是国际扶贫专家！"

财务主管尤官源2015年从部队转业到云南省扶贫办，服役期间，历任排长、副指导员、干事、股长等职。那年尤官源也是35岁，女儿比李点斌的儿子更小一些，还在上幼儿园。在家里，尤官源时常试图扮演"严父"，偏偏他越做严厉状，女儿越黏他，乖巧得让人心疼。

缅甸篇

李俨凌在埃羌达村小学与小朋友一起上课

六一幼儿园演出，台下坐满了"追星"的家长。当时正巧尤官源妻子出差在外，女儿看到小朋友和爸爸妈妈亲热互动，倍感孤单。轮到她上台表演了，一位小朋友在台下高声说："她的爸爸妈妈都没有来！"瞬时，女儿撑不住了，在台上放声大哭起来。在缅甸的尤官源听到这件事，心里最软的地方就像被人戳了一下，顿时泪湿了眼眶。

类似的情感跌宕，2019 年度第二批常驻缅甸专家杨漪也有切身体验。她不好意思地说："刚到缅甸的时候，每次和儿子视频，首先崩溃的是我。"

采购主管王云龙，34 岁，时任云南省国际扶贫中心主任科员。远赴缅甸期间，已经谈婚论嫁的女朋友和他分手了。那段日子，幸亏有尤官源朝夕相伴在侧。异国他乡，谁在月下诉离殇？

谈起第一年常驻专家队伍组建，李点斌回忆道：缅甸这个重点项目，国家安排下来之后，省扶贫办给云南省委省政府打了一个专题报告，省委书记作了批示，要求扶贫办牵头，德宏州和各个相关厅局要全力配合，把这项工作做好。有了省委书记的批示，我们就在全省范围内去调集各种资源、人才。

于是，队伍里就出现了两位缅甸问题专家。

社区项目主管尹振祥，时年52岁，1987年从北京外国语学院亚非语系缅甸语专业毕业，分配到德宏州芒市外事办公室工作，现任四级调研员。因为芒市位于边境线上，尹振祥长期从事对缅工作，妥妥的"缅甸通"，情况熟悉、经验丰富。由于特殊的身份，尹振祥是唯一连续三年赴缅的常驻专家。

担任监测评价及英语翻译的熊顺清博士，女，阿昌族，全国青联委员，是来自云南省社科院缅甸所的研究员，长期致力于中缅跨境民族、缅甸民族宗教问题研究。

两位缅甸问题专家的参与，为项目推进平添了一重保障。

2018年2月1日，中缅双方在内比都市及两个项目村举行启动仪式。中国驻缅甸大使洪亮和缅方部委调整后成立的缅甸农业畜牧与灌溉部部长昂都分别致辞，并共同为项目揭牌。缅甸农业畜牧与灌溉部副部长拉觉、云南省扶贫办副主任阎楠以及双方相关代表出席。

当中国专家分别到达两个项目村时，村民载歌载舞欢迎远来的客人，场面非常热闹。村民代表发言表示，期盼项目的实施，非常感谢中国政府的援助。滚烫的话语让中国专家组深感责任重大。

2月5日，中缅联合项目管理办公室召开首次会议，会议持续两天。

联合项目办主任是坐镇国内的姚倩，缅方减贫处的处长叶空出任联合项目办副主任。叶空硕士毕业于北京师范大学，后又长期负责减贫

缅甸篇

领域缅中交流的具体联络工作,同中国人打起交道十分熟悉。第一年,中方由驻外专家组组长李点斌与叶空对接,王云龙与叶空的助手梁文柏对接。

中方专家组在内比都落实了住所。同一小区内,还有中国大使馆内比都办事处。

李点斌召集大家商定,我们要率先示范,把项目做成"廉洁项目",除了工作制度内的费用外,从我做起任何人不允许将个人支出转移到项目办里面开支。日常的生活费由每个人每月缴纳20万缅币(约合人民币1000元)集中开支,由尹振祥统一管理、统一采购、定期公示。并聘请了一名当地厨娘为大家做饭。

很快大家发现,伙食费根本花不了那么多,于是缴费减半;而那名女厨师在大家的言传身教下很快学会了几样中国菜,辣子鸡、鱼香肉丝、回锅肉,做得蛮像那么回事。

缅甸菜清淡、量小,最初几天大家都不够吃,后来厨娘发现,原来中国人每餐都要吃那么多菜,于是加量。另外,缅餐很多菜式都放鱼酱,吃起来有股特别的味道,专家组有的人喜欢,有的人就碍难接受。好在厨娘悟性高、上道快,大家平时就多以中餐为主。

大概是四五月份,尤官源的鼻炎复发了,主要原因是劳累再加上水土不服。那次看病的经历至今让他耿耿于怀,心有余悸。

那是一家私人医院,排在尤官源前面的患者是一位缅甸老太太。医生给老太太用压舌板检查后,把压舌板在酒精里涮了涮,就放在一块毛巾上,轮到尤官源时,用的还是那块压舌板。

从医院回来,尤官源饭都不想吃了。

熊顺清博士也曾目睹了类似的情况发生。注射时,医生用手指而不是用镊子从瓶子里取出酒精棉球消毒,用后棉球不是丢进垃圾桶而是放在带有灰尘的桌子上。注射完,又拿起桌子上的棉球擦拭。

从此，中国专家相互告诫，千万不能生病，尤其不能发生重症、急症。内比都到昆明，一周只有两个航班，出了事，回国都来不及。三年多的时间里，每位中国专家赴缅，行囊里大包小包的药物成了标配。

缅甸篇

痛苦的磨合

第一批中国专家抵缅，宣告项目启动。中缅双方共同成立一个项目管理办公室，在村一级设立实施小组。为了人员的组成以及职责的界定，专家们耐烦琐碎，进行了深入的磋商。

联合项目办是这次东亚减贫合作的一个创新。在项目执行中，联合项目办扫清了不少障碍，但也有两张皮游离的状况发生，彼此你有你的制度安排，我有我的程序要走。譬如修建村庄道路时，缅方施工中提出要把卫生所和学校与主路连接起来，这就涉及到规划的修改。专家组虽然理解缅方的要求，但要颇费周章地向国内逐级请示，有时候不知道卡在哪里，迟迟做不了决定。对此，康佐不止一次啧有烦言，表示不理解。

胡岗说，这次农村社区发展的项目，是个新课题，我们沿用的还是成套设备工程的管理办法，磕磕绊绊的事情就难免发生。

万事开头难。

李点斌和他的小伙伴很难想象，第一年的主要精力，竟是花费在沟通上，几乎每一件事情的落实都横生枝节，有时甚至是匪夷所思的艰辛。

做项目，没有车下不了乡，而专家组申请购置一辆公务用车，就花了一年时间。

刚到缅甸，财务主管尤官源就难住了，中方的资金打不进来。

缅甸所有政府机构的账户，必须开在缅甸经济银行。于是项目账户就设在缅甸农业畜牧与灌溉部农村发展司名下。

问题是，人民币和缅币之间，还没有构建货币的直接兑换系统，需要先兑换成美元。而且中国国内的银行，没办法直接汇款给缅甸银行。

中国的工商银行在仰光设有分行，当时专家组提议，在中国工商行仰光分行开一个账户。为此提交了专门的申请报告、各种批文走了很多流程，最后到了缅甸的计划与财政部，答复是："一个项目只能有一个账户，你项目账户已经开在缅甸经济银行，就不允许另行开到别的银行。"

为这个事情，专家组还特意请大使馆出面协调，也未能解决。

后来，缅方提出了一个经由新加坡中转的方案。中方把钱汇到新加坡的一家中转银行，再由新加坡转汇到缅甸经济银行。这事靠谱么？专家组嘀咕，一转就几十万美元，万一不能顺利到账怎么办？风险太大了！

最后，农村发展司出具了一个相当于担保函的文书，大意是，他们提供的这个账户和这条转账的渠道是安全的，而且是符合缅甸国内法律规定的，也是其他国家和国际组织汇款给项目账户的通用做法。中方可以按程序转账，钱到了新加坡以及而后转入缅甸经济银行的风险，由缅方承担。

有了这份保证函，中方的第一笔资金30万美元才划拨出去。

李点斌说，我们第一批专家是1月23号抵达内比都的，而第一笔资金4月底才打过去，相当于从1月到4月，我们没有任何资金可用。

在缅甸，尤官源见识了什么叫做"现金社会"。从银行窗口可以看到，每个工作人员面前都是一摞手工账簿。缅甸发工资都是现金，所以传说中拿着麻袋装现金的故事，在内比都的银行就能看到实情实景。

除了政府机构和大的商圈，几乎看不到ATM机。在缅甸一年，尤官源仅有一次在仰光手机支付成功的经历。

两国的财会制度差异也很大，"譬如支票管理吧"，尤官源说，"我们是看公章全不全，缅甸注重的是签名。"

再有就是办事节奏的大不相同。毫不夸张地说，在国内三天能办好的事情，到了缅甸就要用上一周时间，甚至要耗时10个工作日。

体制上的差异也很大。缅甸农业畜牧与灌溉部农村发展司下面还有打井队、施工队、公路局。规划村里学校的时候，康佐司长说，我们有很多工程师，我们来设计。等到图纸拿出来，中国专家一看，太小儿科了，达不到预期的示范标准，而且图纸使用的计量单位还是英制的，给中方专家审核还要换算。

专家组希望项目村学校的建设既有缅甸风格，又能体现一点中国特色，于是请国内设计单位参照楚雄州、德宏州建筑面积相当的学校设计了一套图纸。缅方一看设计图，开始说"好，好"，后来又说不行，太高大上了，没有必要那么讲究，不利于将来复制推广。

后来专家组得知，缅甸对学校建设有专门的规定，而且这个规定是作为部门法规来执行的。小学教室多大，初中、高中教室多大，一层的校舍什么样，两层的教学楼什么样，外观怎么设计，都有明确规范。

还有那条"外国人不得在乡村留宿"的规定，也带来了无尽的麻烦。到了雨季，进入敏彬村唯一的通路是小火车。经常的情景是，中国专家匆匆赶到敏彬村，事情还没有安排妥当，返程的最后一班火车就要出发了。

进入施工阶段，监理人员不住在工地上就很难履行职责，为这事中方专家组一遍遍提出申请，但问题始终得不到解决。

最激烈的一次冲突发生在2019年2月下旬。那时，第二批中方专家组已经抵达内比都，第一批专家尚未撤离。中方还从国内专门聘请了采购专家主持招标活动。中方提出，为避免外界干扰，保持公正，评标过程当中，人员进入会议室就不再出去了，手机要集中起来放到保管柜里，还要设立一名监督员，监督评标纪律执行情况。

第二批中国专家组组长许雯莉和所有中方专家都以为，这种要求再正常不过，太顺理成章了，而且是国际惯例，熟料竟激起了轩然大波。

缅方不接受这一条，理由是，我们是国家公职人员，是监督别人的，怎么能由别人监督我们？这种做法是对我们的不信任和歧视，经过反复沟通、商讨，双方各让一步，折中的结果是，评标过程中，谁要接电话就在会议室打开免提接听。

商定具体技术条款时，双方又产生了分歧。缅方专家担心评标标准对中资企业有利，于是提出了各种各样的质疑。中方聘请的采购专家刘建望即便能把每一条标准的来龙去脉解释清楚，并能指出对方意见不合理的地方，但缅方还是不接受中方的意见。

叶空甚至指责刘建望，大意是说，在你没来时我们双方的关系非常好，你是坏人，破坏我们的合作。

王云龙听不下去了，说：你这么说不对，这是我们请来的专家，我们非常尊重他的专业意见。

叶空厉声问：谁允许请的专家？我批准了么？

王云龙：这是我们云南国际中心聘请的，不需要得到你的批准。双方带了情绪，谈不下去了，王云龙拿起书包、茶杯退出会场。

叶空的情绪也很激动，夺门而出，边走边喊："你们把这些全拿回中国吧，我们不干了！"

这个场景让刚刚到任的许雯莉非常震惊。

事后回想起来，许雯莉认为，当时缅方可能怀疑我们想控制评标的过程，以期达到某种目的。

许雯莉说，多年来，在国内执行世界银行等国际组织的援助项目，我们的心态一直比较开放。我们那时的想法是，人家有先进经验，有一整套成型的推进办法，我们就要学习人家先进的理念。看来，缅方和我们那时的心态不太一样，他们有戒心。

姚倩也有同感。她说，我们第一次做项目可研考察是2015年，到2018年1月份正式启动，时间已经过去了两年半。包括项目村农户都有

缅甸篇

疑问，你们是不是真的要做这个项目，怎么这么长时间没有一点动静？

他们心里揣着问号，一直在走着瞧。

李点斌后来参加了中国国际扶贫中心对东亚减贫示范合作技术援助项目的检查，到过老挝、柬埔寨。他说，也许，这就是缅甸项目的特殊性，相比那两个国家，在缅甸的沟通成本更高。互信是一点点建立起来的，需要事实去一步步印证。譬如选派人员到中国培训，老挝、柬埔寨都是尽量争取更多的名额，但缅方恰恰相反，总以各种理由推脱，尽量减少

联合项目管理办公室中缅人员共同开展工作

人次，感觉对待缅甸还需要付出更多的努力才能争取他们的信任。

吵归吵，事情还得办。争执过后，李点斌主动找到叶空，彼此敞开心扉聊了聊，叶空承认了自己的"冲动"。

评标过程中，中方专家组的一个举动祛除了缅方心中的部分疑虑。有一家中资公司，因为时间紧迫，没按要求装订标书，送来的是个活页夹子。中方专家的意见是直接取消这家企业的参评资格。缅方认为不可思议，就这样一个小问题就取消一家企业的竞标资格吗，还是一家相对有实力的中资企业？中方专家表示，投标文件的第一条就是标书必须是密封、装订的，这家企业没有按照要求做，就应该按照规定办理。经历这一波后，下面的评标流程顺畅多了。

评标的最终结果让叶空悬着的一颗心彻底放下了，那次中标的是缅甸公司。在"价低者得"的规则下，装备好、实力强大的中资企业不占优势，而缅甸公司本土作业，的确占有价格优势。

对此，中方专家反而能够坦然接受，甚至认为让缅甸的企业参与进来，提升缅方对项目的主人翁意识和获得感，比单纯由中资企业施工带来的效果更好。

缅甸篇

从小到大的故事讲了四遍

掩隐在树木葱茏里的内比都风光旖旎。尤官源、王云龙的印象是，这座缅甸新都自然景致甚至要比昆明更养眼。

作为都城，内比都的功能还远未完备。中国专家办个护照延期还要跑到仰光去。一到周末，内比都更显寂静，也有人驾车或者乘飞机回仰光去与亲人团聚，然后星期一早上再回来上班。新加坡人设计的内比都主干道尤其宽敞，车少人稀，脚踩人字拖的缅甸人，赤脚驾车，风驰电掣。

登革热正在流行，防蚊就成了大事。专家组每人一顶蚊帐，下乡长衣长裤，裸露的地方还要涂抹药水。除了防蚊虫，还要防蛇、防野狗。

尤官源、杨漪遭遇过野狗群的围攻。专家公寓的一层房间里也几次发现蛇和蜈蚣。一层住的是德宏州办事处的工作人员，在王云龙的记忆里，至少有三次他们曾叫来保安把房间里的蛇打死扔出去。

一天，王云龙和尤官源饭后散步，走着走着，王云龙忽然发现，前面两步远的马路牙子上有条一米多长的蛇，昂着头吐着信子，正虎视眈眈盯着他俩。受到惊吓的王云龙本能地向一旁闪躲，走在外侧的尤官源身材壮硕，王云龙撞上去又被弹回来……

经过这次历险，以后俩人走路总是尽量往路中间靠，每天的跑步运动也从户外转移到室内的健身房。健身房管理员不大会摆弄那些器材，几台跑步机不是这台"停摆"就是那台闹毛病，于是王云龙就一次次取笑尤官源"吨位过大",压坏了跑步机。

王云龙、尤官源同住一套公寓,每天从早点开始,直到各回各的房间就寝,哥俩十几个小时形影不离。在昆明,虽说同在一个单位,彼此只是见面点头的同事,并没有太多交集,内比都单调枯燥的生活把他俩变成了掏心掏肺的哥们儿。

缅甸人习惯每天吃两顿饭,上午十点吃一顿,下午五点吃一顿。早起洗澡后,只简单喝杯茶,吃些点心或炒米饭、煮豆等充饥。下午五点多,晚餐过后,王云龙和尤官源就倚靠在阳台躺椅上侃大山。

那些日子过得很慢,陈年往事经不住几番回味,谈资就渐趋枯竭,搜刮净尽了。用尤官源的话说:"彼此从小到大的故事至少讲了四遍,后来甭管谁一开口,对方就知道下一句要说什么"。

寂寞,日复一日的寂寞,像蠕虫一样啃噬着两位八零后的心。

生活的拐点出现在那次尤官源去看病的路上。

当时是梁文柏送他们去医院,在车里,他们聊起了足球。

在缅甸可以看到英超转播,梁文柏是利物浦的球迷,王云龙是曼联的拥趸,这一下,就有了说不尽的共同话题。

不久后的一个周六,梁文柏打来电话,说他和朋友约了一场球,问王云龙、尤官源要不要参加,二人没有片刻犹豫就满口应承下来。

梁文柏比王云龙、尤官源大不了几岁,军人出身,他当年希望能到中国留学,但部队把他派到俄罗斯学习军事。在缅北的一次战斗中,他失去了右臂,被人戏称"杨过",转业到农业畜牧与灌溉部工作,任助理处长。

第一场球踢过之后,王云龙、尤官源就和梁文柏的一干朋友结识了。从此,每周就有了绿茵场的保留节目。

和其他东南亚国家一样,缅甸人热爱足球。每逢东盟运动会等重大赛事,内比都几近万人空巷,酒吧里满满当当坐满了人,群情亢奋,呐喊声恨不得把屋顶抬起来。

有一次，梁文柏邀请王、尤二人到自己军校同学家里看英超。王云龙说："他那个同学也是一位残疾军人，一只腿膝盖以下在战争中踩上地雷炸掉了。他已婚，老婆是外交部的，派驻韩国。"

另一位经常出现的梁文柏的军校同学仍在服役，是军方总后勤部的部长秘书。那家伙特别高特别胖，1米9多，至少得一百多公斤。他从来不上场，因为跑不动，但每次都带着酒组织大家吃饭，有时候还要带大家到KTV去唱歌。王云龙说，与国内习俗不同，缅甸人不劝酒，你能喝多少喝多少，无论是啤酒、威士忌、伏特加，愿喝什么就喝什么。缅甸不查酒驾，酒后开车，自己把控。

和缅甸朋友踢足球

渐渐地，尤官源也看出来了，这个球队实际上是一个同学会，或者叫战友会。

王云龙印象深刻的是，缅甸人踢足球特别有仪式感。尤其是两支队约在一起对垒的时候。他们有各自的队旗、队服，球衣上还印着logo，梁文柏所属球队的队徽就是军徽。一场比赛下来双方还要合影留念，握手惜别。

缅甸人的仪式感大概与他们的信仰有关。他们虔诚礼佛，每天早晚均要念经一次，每逢缅历初一、十五或斋戒日都要到寺庙朝拜、布施。仪式感也渗透到他们的日常生活里。尤官源、熊顺清都曾说道，缅甸人日常吃饭要铺上桌布，摆上盘碟刀叉，即便是一家人，用餐前也会相互祝愿。

仪式感就是使某一天与其他日子不同，使某一个时刻与其他时刻不同，可以让平凡的日子散发出光芒。

足球把两个不同国度年轻人的心拉近了。后来，尤其到了节假日，梁文柏和他的战友就一次次把王云龙、尤官源请到家里做客，把酒欢歌，带他俩参加各种佛事活动。王云龙说，那些日子，感觉很温暖。这是一种接纳，和你分享自己生活的友好举动。

在这个世界上，只要有足球、音乐和啤酒，无论走到天涯海角，都能找到朋友。

缅甸篇

一段"绿野仙踪"的视频

转眼到了2018年底,第一批专家组任务到期,云南省国际扶贫与发展中心开始考虑确定第二批专家组人选。中心副主任甘炳汶找到项目处处长许雯莉,动员她出任专家组长。许雯莉应允考虑,最让她犹豫不定的是,毕竟老母亲已经90岁了。

这天中午,在机关食堂用餐的时候,甘炳汶拿出一段视频请许雯莉看,告诉她,这是自己前不久陪同检查团坐在出入敏彬村的小火车上拍摄的,还特意提示说,你看看,和你家乡西双版纳六七十年代的景色是一样的。

甘炳汶书法、绘画、摄影都有很高的素养,那段视频拍得太美了,农田、河流、林木连缀成片,一派热带田园风光。这顿时勾起了许雯莉的童年记忆。

小时候,许雯莉每天早晨坐在父亲自行车后座上去上学,远处青山如黛,路旁林木凝翠,春天稻田绿油油,秋天坝子里金灿灿,一路湖光山色浸润着她幼小的心田……

那段"绿野仙踪"的视频看得许雯莉心生向往,最终下了赴缅的决心。她说:"缅甸的风物、习俗跟我的家乡很像,我应该没有太大的困难去适应那里的气候、水土。"

父亲是位傣语教师,许雯莉大学毕业后也拿起教鞭,当了8年英语教师。1996年,许雯莉进入云南省扶贫办,执行世行项目。刚刚踏上

东亚减贫示范合作技术援助项目故事选编

进入敏彬村的火车路

缅甸篇

新岗位的她惊讶地发现，贫困农户代表竟能和省长、州长、县长以及世行官员坐在一起商讨发展大计，这种场景让她对扶贫事业平添了一重神圣感。

"走出去援外，也是想丰富一下自己的人生经历"，快人快语的许雯莉坦陈自己接受赴缅任务的心迹。

去缅甸之前，那段与童年记忆重合的"绿野仙踪"视频是许雯莉心底的念想；到缅甸之后，敏彬村口几棵高大的合欢树又成了她心头的牵挂。每次走出敏彬村小火车站，许雯莉都忍不住要对那几棵大树端详一番。春天，老树新枝竞吐芳华；夏天，浓荫密布遮天蔽日。不管多忙多累，一看见那几棵老树，许雯莉心头就溢满了欢喜。

一次，许雯莉、杨漪从敏彬村返回内比都。因为车厢里没有座位了，有人搬了两把椅子，让她俩坐在火车司机旁边。那个位置敞篷露天，"全景天幕"让两位女专家天人合一地融入到热带雨林的旖旎风光中。她俩把这段梦幻般的旅程拍成视频，发到朋友圈里，立即赢得一片喝彩。"我一直保存着这段视频"，许雯莉说。

由于种种原因，项目点上第一年的工作推动较慢，领导给第二批专家组的任务是加快进度。

有一个桥段，许雯莉事后说起来总忍不住想笑。刚到缅甸的时候，她一进办公室首先喊一声："梁～～～"，梁文柏就抱着笔记本匆匆跑过来。许雯莉一二三四给他布置任务，然后就督促进度。过了些日子感觉办公室气氛有点凝重，悄悄派杨漪去打探对方的口风。梁文柏的回应是，工作追的那么紧，还天天提这样要求那样要求的，觉得不适应。许雯莉明白他感受到压力了。她对杨漪说，赶快请他们吃饭，一定要让他们放松下来。

也是机缘巧合，不久联合项目办集体去仰光考察。仰光有个中国文化中心，中心主任是中国第一位缅语博士，在仰光大学拿的学位，更巧的是，他还是尹振祥的同学。有了这层关系，那次活动安排得非常贴心，参观了丝路画展，看了一部中国扶贫专题片，还看了一部翻译成缅语的中国喜剧片《羞羞的铁拳》。放映厅里，观众们笑得前仰后合。

许雯莉说，从仰光回来，我也有意识把节奏放慢下来，不那么逼他们了，着急的事就催一催，不是太着急的事情，就多给他们一点时间，多一些沟通，多一些讨论。她说，我也不用天天一进办公室就去叫"梁～～～～"，有时候我主动走过去，跟他聊上一两句，"昨天说的那个事情有没有向司长汇报呀？"或者问"方案推进到哪一步了？"通过这样一些调整，联合项目办一下子就进入了另一种氛围。

敏彬村是一个原生态的自然村落，风景很美，具有发展观光旅游的潜质，但基础设施太差了，一到雨季就难以通行。河水泛滥的时候，村庄一片水洼。雨季中国专家进村，都是靠农民用编织袋装上木屑、砂石填出一小条路。进去后，整个村子全是泥泞，要穿着高筒靴或者打赤脚行走。以前，世行也在村里修过路，大约是2015年修成的，但很快就烂了。

在项目实施阶段组织发动群众时，许雯莉发现，那里的村民接受过国际金融组织的援助，有一定基础。从村委会到村级实施小组，人员都还具有一定素质，村委会班子对项目支持程度也挺高。但是如果要他们理解这个农村社区整体提升的项目，就需要自始至终不停地培训，一遍遍向他们解说，为什么要这样设计，为什么要这样做，要达到什么目的。许雯莉说，每次跟他们讨论一个项目活动的时候，花费的时间和精力很多，但是值得，只有让他理解你，才会支持你。许雯莉说，与缅甸合作，不能有优势心理设定。他们起初确实对我们有戒心，有保留，同时他们也在比较，看看中国模式与国际援助的通常做法有哪些不同。

"我们设计了一个公共环境卫生改善的项目",许雯莉举例,"起初他们觉得没有必要,因为村子里到处乱糟糟、脏兮兮的,特别下雨天,烂兮兮,猪、鸡、鸭、牛到处跑,村民觉得即使设置了垃圾桶、垃圾池也解决不了环境卫生问题,事情做不成。

许雯莉对他们说,村子是你们的吧?你们祖祖辈辈生活在这里,也许习惯了这种生活,但你们有没有看到过整齐漂亮的村庄,有规划、有设计的村寨?你们可以去看一看,实地对比一下,是生活在那样的村庄里舒服,还是生活在你们现在这样的村庄里舒服?

康佐司长推荐了一个农发司的示范村,地点在仰光市教丹镇,于是中国专家就组织镇区实施小组和村民代表去参观。

"参观的效果大大超出了我们的预期",许雯莉说,"回来的第二周,敏彬村就自发组建了环保服务队开始捡垃圾了。环保服务队成员有小学生,也有成年人,他们把垃圾收集起来,运送到指定的地方集中处理。"

许雯莉说,按照原来的设计,我们建两个垃圾池,设置些垃圾桶,再购买两部垃圾转运车,最多再组建一个村级实施小组,指定专人来负责这件事情,项目就算落地了。但如果不能得到全体村民的理解,那就是"一锤子买卖"。没想到我们一延伸,通过实地考察得到了村民理解,变成村民的自主行动了,项目就可持续了。在这中间,我们还和他们充分讨论,不仅要贯彻项目的理念,还要吸收他们的意见,不愿意用塑料桶,可以用当地出产的竹编替代,关键是真正让老百姓接受。

许雯莉说,作为中方专家,我们不能下去直接指挥企业和村实施小组,这个要这样做,那个要那样做。缅方反对我们单方面发号施令,老百姓也不听你的,并不是你拿了钱就你说了算。

许雯莉发现,在项目点上,她与叶空、梁文柏站在一起和村民交流的效果最好,农户最愿意接受。她说一句,叶空翻译一句,叶空、梁文

柏还帮助做动员、解释工作。当然，前提是联合项目办内部事前充分的讨论和沟通，达成共识。

中缅两国项目管理部门与项目点村民共同讨论项目计划与安排，得到村民热烈欢迎和支持。云南和缅甸地缘相近，农事活动相似，这一点也给中国专家的工作带来了便利。推广水稻种植技术，许雯莉时常讲云南农民的例子，缅甸农户很乐于接受。"云南和缅甸农事活动的相似性帮助我们化解了很多难题"，许雯莉说。

这一年，云南省国际扶贫与发展中心还安排康佐司长率队到上海考察都市农业。这个东方大都会的发达状况让缅甸农业官员震撼不已。梁文柏问："这还是农村吗？"康佐则对"东西携手对口帮扶""电商扶贫"备感兴趣。

时光荏苒，转眼一年过去。临近回国的时候，叶空告诉许雯莉，第二批中国专家来之前，他们也曾嘀咕过："云南省国际扶贫与发展中心这次派了一个 old lady 来，虽然看简历很有经验，但合作起来会不会很困难？"

一年相处，彼此已经成了朋友。叶空、梁文柏也跟着杨漪一口一个"许老师"地叫。叶空说：许老师一点不像她的年龄，心态很年轻，很好沟通。

那几个合作伙伴

"缅甸人很讲究对等,"熊顺清说,"就连会议发言顺序,都是一个中国人讲完了,接着一个缅甸人讲,你一个,我一个,他们很讲究这个。"

"康佐司长也很讲究对等。"许雯莉说,他认为他对接的是中国国际扶贫中心,我们云南省国际扶贫与发展中心只是负责项目执行。他是按照他的思维来规划项目走向的,一直在思考项目如何布局,未来应该怎么样,有很多自己的想法。但是我们这个项目是一次规划分年实施,如果按照他的一些新想法来做,会带来许多变动和调整,一变一调,就涉及到相关的管理程序和要求,手续和过程特别复杂。

许雯莉说,康佐到村里去指导工作时发现,主路都有了,但连接学校和卫生室的支路却没有规划进去,他就跟我商量能不能马上作出调整,铺设支路。我实地勘察后也认可他的意见,作为示范村,缺了连接学校和卫生室的支路,既不美观也不方便群众。但我不能马上答应他,只能立即上报。从我来说,这已经是很积极的态度了,但在康佐看来,这就是卡了壳,他不明白也就是一万元额度的小改动,为什么我不能立即做出决定。

康佐问:你既然在这里工作,是被授权的项目办主任,又是专家组组长,为什么不能决定?许雯莉说,我决定不了,我只能按照项目的规则和相关规定来办,把出现的情况向上级反映。这种事情出现多了,康

缅甸篇

佐也只能摇头叹息，感觉很无奈。在这种碰撞中，许雯莉能感觉到康佐心里觉得这种架构安排是不对等的，因为不对等，有时候搞得非常麻烦。

许雯莉说，在国内执行世行项目时，起初也是每一个调整变化都要上报，很繁琐。但后来执行第4期项目的时候，每年的年度计划都给我们预留了10%到15%的调整幅度和空间，执行起来就顺畅多了。

许雯莉说，这种民生项目、减贫项目，不同于体育场馆、公路或者机场建设，变数很大。规划设计是2015年做的，到2019年实施的时候，物价、市场早就变了，人的想法也在变。农户以前想养猪，现在想养鸡，因为行情变了。如果不给我们预留调整空间的话，在一线做起来就很困难。康佐最不满意的也是这一点，每次不找我来沟通一下觉得不妥，但是我又不能做决定，只能一次次上报，办起来环节特别多，特别费事，特别耽误时间，还不知道最后能不能批下来。许雯莉强调：我们国家援外，一直沿用的是成套设备项目的管理办法，对这种民生项目应该有新的规定，需要新的操作手册或者管理办法的出台，允许我们在资金不变的前提下，在总盘子里面调一调、变一变。

减贫处处长叶空是个大忙人。他和许雯莉在工作中接触最多。手头事情轻松一点的时候，叶空愿意和许雯莉坐下来用英语敞开了聊聊，听许雯莉讲中国的扶贫模式和组织实施的各种措施。有时候他还会告诉许雯莉，这种办法如果放在缅甸就行不通了，接着做出详尽解释。

"叶空挺有意思的。"许雯莉说，"如果让他去做的事情没有做成，或者遇到了很大障碍，他进来的时候就不好意思直接跟我打招呼。他会凑到尹振祥尹老师面前，用缅语套近乎。他俩一搭讪，我马上就明白出状况了，就用汉语对尹老师说：'让他告诉我是什么情况？'"

有些事情康佐看得很重，催得很急，但叶空和许雯莉在一线，知道事情没那么急。认识有差异，康佐很恼火，就会传唤叶空，严加训斥，这时叶空只能逐条说明，做出解释。解释和说明不是每次都见效，有时叶空知道自己搞不定了，就叫许雯莉陪自己一起去面见顶头上司。许雯莉在场，康佐不好意思声色俱厉，许雯莉再出面解释，把叶空不方便说的话讲出来，司长也就释然了。

这也是叶空和许雯莉合作中形成的一种默契。

叶空毕业于北京师范大学，专业是英语，年40许，属少壮派，早年也有军旅背景。许雯莉说，叶空人很聪明，稳重善良，工作兢兢业业，肯动脑筋，是个愿意做事的人，一年相处下来感觉还是挺好的，与他合作和沟通很畅快。

一开始，叶空称呼许雯莉"许姐"，后来就跟着杨漪叫"许老师"。许雯莉说，别那么客气，还是叫"许姐"吧。叶空很认真地用汉语告诉她，我们缅甸人信奉佛教，对老师、长辈很尊重，而且我觉得，你确实是我们的老师。

"有一次，澜湄合作项目的一个国际研讨会在缅甸举行，柬埔寨、老挝的专家出席了，中国国际扶贫中心的卢立群处长和赵美艳也来了。晚上农村发展司设晚宴招待，然后唱歌，其他国家的代表走后，联合项目办的人就留下来自己玩。"许雯莉说，"叶空、梁文柏唱功都不错，而且能唱一些中国歌曲，那天我们玩儿得很嗨。卢立群和赵美艳有点意外，想不到我们关系这么融洽。他们不知道，我们业余时间经常在一起，出去吃烧烤，喝啤酒，侃大山，相谈甚欢。"许雯莉说。

坐在昆明的会议室里，许雯莉说，回国以后直到现在，我们一直保持着联系。特别是梁文柏，时不时会发一个问候过来。如果项目上碰到什么事情，他会问杨漪多一些，因为他们年龄相当。我在朋友圈转发点什么，他们也会跟着点赞。他们用Facebook比较多，微信用得少，但始终对我们很关注。

缅甸篇

在缅甸过泼水节

杨漪是第二批专家组成员，负责财务。和尤官源一样，刚接手的时候，也有一点不适应。缅甸官员人手一个图章，办理财务手续，既要加盖名章，也要签字。名章能清晰显示名字，签名都是自己设计的，龙飞凤舞，个性化极强。

因为签证的原因，有一段时间，许雯莉和尹占祥回国了，杨漪独自留守在内比都。杨漪说："有一天晚上，梁文柏带着夫人来访，问我一个人在这里怎么样，吃得如何？还说这是他的职责。梁文柏是个细心人，过后两天还给我送了一份当地的传统早点——鱼汤米线。就这样，一点一点地，我们逐渐就熟悉起来。"

转眼到了4月，迎来了缅甸的泼水节，梁文柏邀请杨漪一起去参加节日活动。那天梁文柏带了他的朋友一起过来，一见面，杨漪发现他们所有人穿的都是便装，只有自己穿着特意换上的缅甸传统服装笼基。梁文柏问她，你穿这个方便吗？

笼基是杨漪专门从国内带来的，以备节日里入乡随俗。事后的结果证明，这一天穿笼基确实不方便。梁文柏开车把大家拉到内比都比较繁华的彬马那镇。在那儿，杨漪切身体验了一把缅甸的泼水节。

路两旁，那些规模比较大的台子都是政府和机构搭建的，最大的一个台子属于天空电视台。早上9:30开始，台子上有节目表演，游人过来，台子上就往下泼水，还有人拿着皮管子朝着路人喷洒。

节日庆典进入高潮。

台子是一个露天的迪吧，上面站满了人。台上的水流不停歇地泼洒，台下的人、车越聚越多，人们唱啊跳啊，欢呼声此起彼伏，从头到脚，没有一个人不是湿淋淋的。杨漪说，这天你不湿个几回就感受不到什么是幸福，越湿越开心。

路边的人家也在门口搭上个小台子，过往的车辆都凑上前来，接受洗礼。

周边村子里的人都来了，他们大都乘坐皮卡，车厢两旁用木板、竹竿围起来，满满当当一车的人，老老少少都在车上。车随人流走，哪里有台子就往哪里去，去了就和台上互动。台上的人在唱在跳，车上的人在蹦在叫。从旁看去，每辆车都在晃动，每扇车窗都是敞开的。飘洒的水雾中，街上成了欢乐的海洋，笑容挂在每个人脸上，欢呼声在街上荡漾。

杨漪当时坐在车里的后座上，没来得及关窗，一盆水就泼进来了。杨漪问梁文柏："这样也可以么？"梁文柏回答："没限制，想怎么泼就怎么泼。"4月的缅甸，天气已经很热了，谁也不担心会着凉。梁文柏把一干人带到一个朋友家的台子上，杨漪拿着管子往下喷水，想喷谁就喷谁，想喷哪部车就喷哪部车，高兴得像个孩子。

杨漪说，按照传统，泼水节那天一定要吃一种小点心：糯米做成的小球球，外面裹一层椰蓉，里面包裹着棕榈糖的糖浆。

一条街走下来，用了大半天时间，因为人太多了，车行缓慢。自始至终，杨漪的身上就没干过，湿透的笼基裹在身上，不舒服。至此她才明白，梁文柏和他的朋友为什么要穿清凉的便装。

午后，大家一起吃饭。饭后，梁文柏邀请大伙去他家坐坐。梁文柏家住公务员小区，政府按照级别给公务员分配住房。如果是单身，政府负责提供集体宿舍。住房是免费的，只需缴纳水电费。

缅甸篇

和梁文柏聊天，他总会一次次说起王云龙、尤官源，杨漪开玩笑说，你再说他俩，我就生气了，我跟你不好么？梁文柏说，我们当然也很好。但按照缅甸文化，男女之间要有很明显的界限，当然一些男生的活动，就不会邀请你女生来参加了。

杨漪看过梁文柏和他的战友踢足球，当时还被吓到了，她看到场上有人光着脚在踢。杨漪忍不住问："这样踢球，脚不疼么？"

梁文柏告诉杨漪，他从小就会游泳，但是现在游泳就会跑偏，因为他只有一只手。杨漪脑补了一下梁文柏游泳的场面，忍不住笑出了声。接触多了，就有了更多了解。梁文柏出生在一个军人家庭，母亲是个教师，他上面还有两个姐姐。

杨漪说，缅甸人家庭观念强，叶空有两个孩子，周末绝不接受任何邀请，因为要陪家人。他说，平时工作太忙了，所以要把周末全部留给老婆孩子。叶空也生长在一个军人家庭，上面有哥哥、姐姐。

叶空带杨漪打过几次高尔夫，在缅甸，高尔夫的价格并不贵，杨漪一下子就喜欢上这项老少咸宜的运动。

联合办还有缅方的一些男女青年，因为语言障碍，杨漪和他们交流并不是很多，彼此英文都不是很好，讲着讲着就卡壳了。第一年，熊顺清教他们中文比较多，他们很感兴趣，想继续学。杨漪去了，起初还和他们制定了一个互教互学缅语、中文的计划，工作一忙起来，计划就搁置了。

有一次，康佐问起许雯莉在内比都有什么困难，许雯莉说："寂寞，除了寂寞还是寂寞。"康佐便嘱托副司长妞妞周末带许雯莉、杨漪参加一些佛事活动，让她俩更多了解缅甸的风土文化。

在缅甸一年，回忆起联合项目办缅甸同事的种种关切，杨漪的话语里充满了温馨。

我的家乡成了形象示范村

随着项目的推进，中缅媒体对这两个村庄的变化给予了越来越多的关注。到2020年1月，借助电视的荧屏，人们看到，埃羌达村容村貌发生了前所未有的变化——平整的水泥路贯穿全村，太阳能路灯整齐地矗立在道路两旁，社区发展中心里各种崭新的现代化设施一应俱全。

这里的村民忽然发现，自己的家乡已经变成令周边人们羡慕不已的村庄。

短短两年，埃羌达从贫困村变成了缅甸的形象示范村。

2019年11月7日，第十一届东盟农村发展与消除贫困部长级系列会议代表及联合国粮农组织等国际组织代表共90余人，实地考察了埃羌达村。埃羌达中缅合作减贫示范项目的实施经验，得到各国来宾的称赞和好评。

村民吴冒威一边压水，一边向客人兴奋地讲述："自从搬迁到村里，就知道水质很差，但没有其他水源，大家都只能饮用院子里的井水。现在从水库引来的自来水干净卫生，水管直接通到家里，什么时候想用水，开一下水龙头就可以，所以大家都很开心。"

一边说，吴冒威一边接了一盆清水端给客人看，然后一低头，他干脆直接喝了起来。

从饮水到用电，从新建的卫生室到全新的学校……基础设施的改善，让埃羌达变成了人人称道的村庄，这里的村民对中缅减贫示范合作项目

缅甸篇

修建好的村内道路

修建好的社区中心

东亚减贫示范合作技术援助项目故事选编

越来越有信心，越来越支持。

埃羌达基础中学宽敞明亮的新教室里，传出阵阵琅琅的读书声，展现着这个村子的活力与希望。

校长杜拉拉翁女士说，以前学校教室条件不好，每到下雨天就会漏雨，没有足够的教室，一些低年级学生要到仓库上课，外地来的老师也没有住处。项目实施后，学生都有独立桌椅，教室宿舍宽敞明亮，水电齐全。

面对来访的客人，杜拉拉翁女士一再地强调：中国帮助我们修建了新教室，学生们再也不用拥挤着上课了。现在学校什么都有，孩子们都很开心，我们很感谢中国！

用竹子木板搭建，透风漏雨的旧校舍变成了砖混结构的新教室。条件改善了，孩子们的学习热情更高，对前途与未来也更加期待。

特岷伦是个容貌清隽的中学生，

小同学搬进了新教室

深深的眼窝里，一双大眼睛目光清澈、沉静。他说："新教室建成后，我们就能安静的学习了。我们很高兴，很喜欢这个教室。"

"上厕所不方便，学校后面有很多垃圾。"特岷伦这样谈起对旧校舍的印象。项目实施后，他和同学告别了泥土地教室，搬进了明亮的新教学楼。"学校还有图书馆，能随时去读书。"

下课铃声响起，特岷伦和同学在教室里嬉戏，他心中还有一个梦想，

缅甸篇

就是今后去中国求学,获取更多知识,更好地改变家乡。

让中国专家倍感欣慰的是,他们实现了洪亮大使的嘱托。2018年10月23日,时任中国驻缅甸大使洪亮携夫人赴埃羌达村视察时曾明确提出,把埃羌达村学校建设成为"中缅友谊学校",将埃羌达村建成"中缅友谊村"。

变化不仅在村容村貌上,还发生在人们的行为意识里。

埃羌达是个贫困户占了2/3的移民村。如何移植中国整村推进的成功经验,因地制宜地改善民生发展经济,是中国专家面对的课题。

熊顺清博士2018年刚到埃羌达村就发现,这里的人家和中国农户不同,家家户户房前屋后的地块都空闲着,即使没菜吃,也不见有人利用起来栽种点什么。村庄周围也有不少地块闲置。村民说,那些土地不长东西。

中国专家带来了一个全新的概念——庭院经济,利用房前屋后的空闲地块种植有机蔬菜水果,既能丰富自家的餐桌,又增加经济收入。

刚开始种植三个月,72岁的村民吴齐昂就见到了收益。他说:"我种的洋麻、空心菜、青菜、小葱都可以卖出去。以前我没有收入,现在能用卖菜钱支付水电费了。"

村民昂梭温是个勤快人,以前主要靠外出打工维持一家人生活。参加培训后,他成了蔬菜种植能手。他说:"现在周边村民都知道我种的菜好,很多人来买。"

"我们在实施项目时充分考虑本地村民的实际情况,充分调动大家的参与性和积极性。"社区协调员尹振祥三年多一直在项目上,他几乎每天都会跟当地村民、干部交流,讲解他们关心的问题。

许雯莉对电视台记者说:"中国在自己发展的同时,没有忘记我们的好邻居、好伙伴。我们跟他们一起肩并肩地努力工作,让他们看到我们是真心地来帮助他们,愿意把我们的好东西和他们分享。"在改革开

生机勃勃的庭院经济

放年代成长起来的许雯丽对项目区村民有一份格外的同理心。

因为中缅减贫示范项目，埃羌达村与中国的联系也越来越密切。

得益于这一项目，当地村民有机会到仰光、北京、贵州等地考察垃圾处理、种植、养殖等项目。

外出考察学习，拓宽了村民的视野，让他们开始改变世代沿袭的生产、生活和思维方式。47岁的村民杜钦迪达吞2019年在中国考察期间到过北京，登过长城。到中国的研修之旅让她萌生了一个信念："人就

缅甸篇

是要战胜各种困难。"

在贵州，杜钦迪达吞看到那里的农民能用很少的土地种出很多农作物，钦羡不已。于是，她从中国带回了玉米种子，按照育苗、移栽、施肥的模式种植，开始探索高产栽培模式。

杜钦迪达吞是乡村社会的热心人，她经常和村民讲在中国的所见所闻。她说，她在中国学到了很多先进知识、经验，要把这些种植、养殖等方面的成功经验和乡亲分享。

谈起家乡的变化，杜钦迪达吞有说不完的话题："我们喝上了安全饮用水，再也不用担心水质问题。家门口以前下雨天就没法走的泥路，如今已铺成了水泥路，卫生院也建在家对面，看病比以前方便多了。"

"中方工作人员非常优秀，团队合作能力强，令人钦佩。"缅甸农业部门一位官员说，"项目不仅包括基础设施建设，还有改善民生和提升村民技能的举措。现在，埃羌达村和敏彬村的道路、饮水和用电等情况得到较为明显的改善，农牧发展也创造了不少就业岗位。"

农村发展司司长康佐说："缅甸农村事务的负责人和农民，有机会到中国学习；中方的工作人员也深入到缅甸的农村社区工作。这个项目推动了中缅两国人民的交流，加深了中缅两国之间的友谊。我们将中缅减贫示范合作项目作为范本，取得成功后，我们会将这一范本推广到缅甸全国。"

疫情暴发的日子里

自中国援缅项目实施以来，云南省扶贫办先后派出3批共12名常驻缅甸专家和20余名短期专家赴缅甸开展工作。2020年原定是项目实施的最后一年，也是关键的收官之年，但是受新冠肺炎疫情影响，原计划2月中旬前往缅甸的第三批中方常驻专家未能按时成行。尽管中缅双方保持邮件信息沟通交流，但项目推进缓慢。

作为联合项目办主任、第三批专家组组长的姚倩积极协调中国驻缅甸大使馆，申请"快捷通道"，终于在2020年8月19日率队抵达缅甸。

作为缅甸项目的总协调、总调度，从2015年可研考察算起，姚倩前后赴缅十余次。

驻缅中方专家组入缅返岗复工后，由于疫情不断加剧，缅甸全国各省邦陆续封省封城。8月16日之前，缅甸全国确诊仅有375例，但进入8月底，缅甸各地新冠肺炎疫情迅速蔓延。根据缅甸政府公布的数据，从缅甸确诊第一例到一千例，用时5个月；从一千例到一万例仅历时24天。全国陆续出现工厂停工、物流紧张、医疗资源短缺等困难，各省各邦陆续实施封闭和居家隔离政策。

9月7日，中国专家和缅方人员在项目联合办公室召开会议，确定如下事项。

中方专家组启程前往缅甸之前，在国内集中采购了医用口罩6000个，抵缅后向农村发展司和项目村捐赠了4000个。专家组抵达内比都后及时采购了酒精、消毒液等防疫用品，确保防疫用品基本够用。

确保信息渠道畅通。确定专人负责联络中国驻缅大使馆，及时报告专家组健康情况，并获取外界信息，全面掌握缅甸疫情发展状况，确保疫情信息畅通。

最大限度减少外界接触。针对内比都所有国家机关公务员实行14天上班、14天居家隔离的政策，专家组也相应调整工作模式。一方面暂停前两年聘用的司机、厨师的工作，由中方专家组中有缅甸驾驶执照的尹振祥负责驾驶车辆，中方专家组自己做饭；另一方面项目相关协商事宜集中讨论研究，减少到联合办公室集中办公的次数，在驻地开展网上办公，周末到联合办公室加班办公，同时减少外出频次，生活必需物资交由尹振祥集中采购，最大限度减少专家组和外界人员的接触。

严格落实个人防护卫生。不论工作中生活中，坚决做到勤洗手、不聚集、戴口罩，坚持驻地和办公场所的每日清洁、消毒工作，坚决把防

疫情期间联合项目办落实防疫措施

护措施落实好、落实到位。

第三批中方专家组返缅复工后，制定工作计划，明确任务清单。认真梳理内包合同剩余项目内容，把未完成项目活动列出明细清单，包括项目内容、项目规模、项目资金额度，完成好合同规定的任务。

姚倩介绍，在那段疫情严峻、不少地方"停摆"的日子里，专家组一直在超负荷运转，竭尽全力推进项目进程。

推进两个项目村的供电工程建设，进行通电测试、验收。其中，埃羌达村供电工程建设项目已完成了勘测设计预算及询价函编制工作，10月28日发布询价公告，进行项目的招投标工作。

完成了两个村工程建设的验收工作，并编制竣工验收报告。验收工作涉及敏彬村和埃羌达村的饮水工程，埃羌达村的教学楼、教师宿舍、图书室、厕所、围栏、操场、村内道路、村级活动中心、卫生室、村内运动场以及涵管等土建工程，敏彬村的二层教学楼、厕所、操场、村级活动中心、河堤、村内道路等11个子项目。

完成了埃羌达村庭院经济（三期）、良种良法示范推广（三期，冬季花生、向日葵、芝麻）和敏彬村庭院经济（二期）、良种良法示范推广（三期）。

开展了敏彬村土鸡养殖培训、埃羌达村种植培训（天然果苗生长调节剂、除虫剂的使用）以及埃羌达养猪培训。

组织实施埃羌达村纺织互助组项目，完成纺织互助组章程的编制工作，推进村互助组工坊的土建，开展纺织机械采购、纺织培训等。

完成了2019年度监测评价报告及产出指标报告审核和定稿工作。

梳理项目档案。由于项目实施已近收尾，健全规范的项目档案资料尤为重要。第三批中方常驻专家组高度重视规范项目资料管理，按项目类别梳理、补充、完善从2018年项目开始实施以来的项目资料，经过近3个月的认真梳理，规范了项目档案资料，确保项目资料、财务资料

缅甸篇

真实、准确、完备，为项目总体竣工验收和移交工作打下坚实的基础。

完成第一批已完工项目的申请验收工作。中国援缅甸减贫示范合作项目24个项目按照设计要求，已全部完成建设任务，并通过了中缅联合项目管理办公室内部自检验收，工程质量合格，项目资料齐全，已具备正式验收条件。11月9日，中缅联合项目管理办公室向云南省国际扶贫与发展中心提出第一批验收的申请。经云南省国际扶贫与发展中心审核同意后，上报中国国际扶贫中心和商务部国际经济事务局申请验收。

尽管有防疫限制，专家组还是设法进入项目村实地勘察。虽然缅方官员一再说"不要聚集"，但是看到中国专家，村民还是不由自主地围了上来。姚倩说："尽管语言不通，但是我能感受到他们眼神里流露出来的真挚感情。"

看到村庄巨大的变化，姚倩心绪难平、感慨万千。第一次踏入敏彬村和埃羌达村时的情景，至今历历在目。记得当时也是下雨天，村里一片泥泞，车也开不进去，只能挽起裤腿，打着赤脚前行。最让人揪心的是，孩子们在阴暗潮湿、漏雨的泥土房里学习，学校后边还有个垃圾场，蚊虫乱飞。

两个村的村务活动中心里，各有一个项目展览，张贴着姚倩等人当年可研考察的照片。浏览着一张张图片，姚倩回想起在那些高温酷暑的天气里，自己和同事一次次中暑晕倒，喝一支藿香正气水，强撑着继续调研。

姚倩说："在中缅双方共同努力下，埃羌达村和敏彬村一点一点发生着变化，村民脸上散发着自豪的神情，他们村里的基础设施，是周围村庄没有的。我也很自豪，因为我自己参与了项目建设，我是组织者，也是见证人，那个心情还真不一样。"

蔡心是第三批专家组的英文翻译。2013年，她通过公务员招考进入省扶贫办，项目启动之后，数次赴缅。这次随姚倩进村，她的感觉是"眼前一亮，对比太强烈了"。走进宽敞明亮的教室，蔡心蓦然想起当年的景象，那时孩子们坐在小小的课桌后面，小脚丫在沙土里蹭来蹭去……在村里，种植户请中国专家品尝他们煮熟的玉米，"虽然语言不通，但能感觉到他们对项目的认可，那种感激是发自内心的。"蔡心说。

专家组抵缅两个月后正值中秋国庆节，云南电视台拍摄了一期"平安家书"节目，请守在不同工作岗位上不能回国的同胞，在国庆、中秋佳节来临之际，通过荧屏向祖国汇报、向亲人问候，传达他们的祝福和对亲人的思念。

代表专家组出镜的是蔡心。她说：现在我正在缅甸执行中缅减贫示范合作项目，这是一个国家的项目。今年是项目实施的第三年，也是最后一年，我们还剩余总项目三分之一的工作量需要去完成。现在，我们来自云南省扶贫办的一行4人仍然坚守在工作第一线，以确保项目的全力推进。想跟家里的两个小宝贝说一句，妈妈很想你们。同时，代表在缅甸的同事，向云南省扶贫办的各位领导和同事报个平安！我们一定会做好个人防护，全力推进项目实施，圆满完成国家、省委省政府以及云南省扶贫办交给我们的光荣任务。

收看"平安家书"节目后，云南省扶贫办主任黄云波给姚倩发去短信：看到你们健康安全，工作状态良好，十分高兴。请转告所有队员：健康第一，安全第一。

姚倩说，黄主任很关心我们在缅的同志。

专家组中，杨鹤松主要负责生计产业项目和宣传工作。他1996年调入云南省国际扶贫与发展中心执行世行贷款项目。这是他第一次到缅甸。

杨鹤松说，到内比都不久，缅甸疫情严峻起来，埃羌达村出现了两例确诊，封村了，管制越来越严，路上关卡越来越多。德尔塔病毒出现后，形势更令人担忧，检测10人，就有4人确诊，死亡率也一天天涨上去。

缅甸篇

缅甸农业畜牧和灌溉部建议中国专家不要到项目点上去了。

"关键是我们没有打疫苗，所以大家都减少外出，格外小心。"杨鹤松说。

街面上，不少餐馆、店铺关门歇业。为减少接触，此前为专家组做饭的厨娘也不用了，四位专家轮流烧饭。菜市场里很多人不戴口罩，不敢去了，只能到大型超市采购。超市里品种也很少，常常买不到啥东西。姚倩说，市场上有一种黄色的小南瓜，个头小小的，他们买了一堆存在驻地，实在没菜吃的时候，几个人就烧个南瓜汤对付一顿。在缅甸的五个月里，杨鹤松瘦了8斤。

专家组驻地隔壁就是中国驻缅甸大使馆内比都办事处。疫情期间，陈海大使登门看望了中国专家。陈海大使告诉大家，他给云南省省长写了信，高度评价了这个项目，称赞专家们为中国人争了光，也为云南人争了光。此前，陈海大使还在缅甸报纸上用英文、缅文发表文章，隆重介绍埃羌达村和敏彬村项目执行情况和成效。

项目建设还在进行中，缅方人员在村里具体实施，中国专家只能依靠电话推进实施。那段时间，精通缅语的尹振祥格外忙碌，从农发司到项目村，各种事项都通过他联系。

2020年12月27号，姚倩回国，她是云南省政协委员，要参加1月份召开的的云南省两会。

临行前，姚倩去了敏彬村，告诉村长说，自己明天就要离开缅甸回国了。从敏彬村回到内比都驻地，天已经黑了，专家们正在做晚饭，敏彬村民的电话打到尹振祥手机上，电话里说，姚倩主任要回国了，项目也快结束了，他们由衷地感谢中国专家，如果以后有机会，希望中国专家再到村里去。他们也盼着，能到中国云南的农村去看看。说到最后，对方告诉尹振祥，为打这个电话，他们专程跑了十几公里，特意找了一个善于表达的人说了这番话。

姚倩动情地说，这就是民心民意啊！这个项目把中国精准扶贫理念因地制宜与缅甸实际相结合，所以效果非常好，项目村民生得到极大改善，两个村发生了翻天覆地的变化，受到村民由衷的欢迎。

姚倩回到国内后看到了陈海大使写给云南省长的信。那封信写得非常长，详细讲述了整个项目怎么开始的，怎么做的，起到了什么成效，当地老百姓有怎样的反应。省长就这封信说道："省扶贫办的工作很有意义。感谢驻缅大使馆对我省在缅减贫合作项目的指导、支持和肯定。"

缅甸篇

"我怎么去内比都？"

因为疫情，内比都航班停了。设法打完疫苗后，杜菁菁2021年1月27号飞赴仰光，接替姚倩。

2月1日早上，正在仰光莱河之春酒店隔离的杜菁菁还在熟睡，被手机铃声唤醒了。微信音频电话是国内同事打来的，杜菁菁还不知道，此时只有wifi还能用。同事问："缅甸政局变化了，你知道吗？仰光还能打通微信电话，内比都就完全联系不上了。"杜菁菁说："不知道啊，我还没看手机呢。"她赶忙给内比都的专家组打电话，确实联系不上了。窗外，一片宁静，似乎什么也没发生过。

2月1日凌晨，缅甸军方接管国家政权，扣押了总统温敏、国务资政昂山素季，宣布缅甸进入为期一年的紧急状态。从2月5日起，仰光出现了每天大规模的示威游行，支持民盟。此后，一遇大规模游行，网络就被切断了。

2月10日，杜菁菁14天隔离期将告结束。按照预定计划，她在内比都的同事会来车接她。从仰光到内比都有5个小时车程。

越接近隔离结束，杜菁菁越焦灼不安：怎么去内比都？她天天看新闻，从仰光到内比都一路上都有军警层层严密把守。而此时，仰光和内比都开始实行宵禁，宵禁时间为晚上8点到凌晨4点。

在仰光，每天一到晚上8点，市民在家里面就开始敲盆敲桶，敲击持续20分钟，以示抗议。敲击过后，能听到军车的大喇叭循环播放禁令：

"晚八点到凌晨四点不允许人员外出,不允许三个人以上聚集。"

2月11日是中国的除夕。杜菁菁原计划赶在大年三十跟同事团圆,但她越来越担忧,自己恐怕去不了内比都了。

"当时那种感觉就是只身一人在异国他乡举目无亲、孤立无助,特别心酸。"杜菁菁在隔离群里不断问:"有谁去内比都,我能搭一下你们的车吗?"

酒店里陆续有人开始离开了。群里有位来自四川的女士对杜菁菁说,不行跟她去公司吧,她们在仰光有个酒店,好歹那里也有中国人。杜菁菁便向领导报告,毕竟在国外也不能擅自行动。

姚倩一听就觉得不妥,与那位女士素昧平生,一个人跟她过去不知道会发生什么情况。另外,现在住的莱河之春酒店是中资企业,老板娘跟姚倩还认识。

杜菁菁继续待在莱河之春,择机而动,每天都在焦虑中度过。

内比都的同事认为杜菁菁一个人长期滞留在仰光不安全,也在通过缅甸的同事想各种办法。

缅甸局势混乱,常规全部打破。梁文柏建议杜菁菁乘飞机去内比都会安全一些。但乘机需要多长时间内的核酸检测?去哪里检测?没有人知道。杜菁菁给使馆经参处黄泰境打电话:"这种情况我还能去内比都吗?"黄泰境只能坦言:"到时候看情况。"杜菁菁问:"到哪里能做核酸检测?"黄泰境也只能回答:"问一下你的同事。"实际上,面对杜菁菁的困境,黄泰境也很着急,他在几个中资企业微信群里一遍遍问:"10号谁去内比都?有个朋友需要搭车过去。"得到的答复都是:"这个时候去内比都太危险了,我们准备24日恢复航班后回国。"

杜菁菁说,当时滞留的中国人太多了,黄泰境也没有办法。

姚倩推送了一位自己回国前做核酸检测的人的微信账号给杜菁菁,杜菁菁联系之后得到的答复是:"我不做缅甸国内的核酸,我只做国际

缅甸篇

的。"这条线断了。

姚倩致电云南电视台在仰光的一位女记者，请她关照杜菁菁。女记者请一位刚刚从内比都回到仰光的新华社男记者详细讲述去内比都需要持有哪些手续和证明材料。新华社记者说，一个人去肯定很麻烦，要有当地政府的人出来接，还要开各种证明。

与此同时，杨鹤松、蔡心、尹振祥也在分头打听，怎么样才能进得去内比都。

那些天里，联络不畅，音讯时断时续，杜菁菁家里人也跟着着急。家人认为杜菁菁绝对不能一个人去内比都，在那里还有三个同事，能不能请一个男同事来仰光接。很快证明，这个办法也行不通，因为从内比都到仰光的人要被隔离。

"最后确定的方案出自内比都的同事，2月10号早上凌晨4点一解禁，他们从仰光找个车来酒店接我。"杜菁菁说。

接下来的问题是如何拿到核酸检测证明。仰光卫生局负责检测的人已经不上班了。莱河之春酒店反复与仰光卫生局磋商，这一波中国人隔离结束，必须在凌晨解禁后立刻离开，否则街上游行的人一多，车就走不动了。那些日子军方朝游行队伍发射催泪弹，每天都有人员伤亡的报道。

几经交涉，杜菁菁终于在10日早上7点拿到核酸检测证明。这时隔离的人几乎走光了，酒店里空空荡荡。拿到证明，杜菁菁想透透气，在酒店里走了两圈，这时蔡心打来电话："杜姐，梁文柏从仰光找的车马上过去接你，你赶快退房收拾东西。"

杜菁菁接到蔡心的电话，别提多兴奋了，她说："那感觉好像就是蹲监狱刑满释放，我终于可以见到亲人了。"

坐上车，杜菁菁凭借简单的英语和司机交流。路上司机问她，要不要找家饭店吃点东西？杜菁菁一心赶路，无心茶饭，一口回绝。走着走着，

东亚减贫示范合作技术援助项目故事选编

又上来了一个穿着民族服装的缅甸男子。这是同事们和梁文柏的特意安排,增加一个人沿途护送。

一路顺风,到了内比都城外那个有军人值守的关卡,皮肤黧黑、身材健硕的梁文柏正站在那里等候。

杜菁菁不认识梁文柏,但车和护送者都是梁文柏找的,所以接头顺利。其间蔡心电话过来,中英文互译。查验手续用了半小时,军人问杜菁菁,来内比都做什么?梁文柏代为解释说明。确如新华社记者所说,

军方严密防守的内比都

缅甸篇

此时进入内比都，必须有当地政府的人接应。

车到专家组驻地，杜菁菁和蔡心一下子抱在一起。说起一路惊魂和多日煎熬，大家一片唏嘘。杜菁菁向黄泰境和云南电视台女记者通报平安抵达内比都消息，他俩啧啧称奇："这时候还能去内比都，你太厉害了！"

杜菁菁向姚倩报告与专家组汇合的消息，双方都很激动，互道"保重！"

从这时算起，专家组又在内比都坚持了两个多月。那段时间，各种传闻满天飞，仰光出现了打砸抢烧中资企业的情况，也有中国人受到攻击。大使馆通知专家组："非必要不外出，做好自我保护。"

杜菁菁说，那几天我们尽量穿着衣服睡觉，身边放一个随身包，里面装着手机、护照、美元。

专家组每周出去采购一次蔬菜、食品，这个任务就由精通缅语的尹振祥承担起来。每次外出，尹振祥一身当地人装束，穿着筒裙，夹脚拖鞋。

尹振祥祖籍腾冲，生长在芒市，几十年一直在外事办从事对缅工作，目睹过果敢老街武装冲突的大动荡，听过2016年芒市境外激战的枪炮声，风风雨雨见多了，面对当下缅甸的时局，他临危不乱，处变不惊。

尹振祥有每天早7:00收听缅甸国家广播电台新闻的习惯。2月1号这天早上，广播收不到，微信没信号，他马上意识到，出大事了！走出酒店看看，街面上平静如常，但酒店工作人员进进出出神情严肃。很快，缅甸军方电视台发布消息，他们在凌晨3:00采取了行动。

以前，出去采购都是尹振祥自己开车，后来为安全起见，就请驾驶员来接他。专家组去联合项目办开会办事，都是由尹振祥先出去沿线查看一番，确认没有异象后大家再出门。

按照计划，专家组原定泼水节过后的5月份结束任务，但尹振祥、杨鹤松、蔡心的签证 2 月到期了。如果在 3 月底之前办不了延期，就成了逾期滞留。大使馆经参处黄泰境打电话、发信息，请缅甸农业畜牧和灌溉部一位副部长帮助协调办理。黄泰境后来把这位副部长的回复截图发给尹振祥，大意是：最近心情不好，爱莫能助。

尹振祥说，国家管理委员会对部一级官员进行了大换血，农业畜牧与灌溉部的正副部长也换马了，换上了新政府的人。

费尽周折，专家组买到了 3 月 24 日东航仰光到昆明的机票。临行前，康佐特意嘱托尹振祥在内比都找到一家云南菜馆，为中国专家送行。尹振祥说，席间缅方说了不少感激的话，但很少提到时局。此时，农发司的人员也出现了变动，叶空调到外省当局长去了，据说梁文柏也有新的安排。

专家组 3 月 21 日赶到仰光，做核酸检测、血清检测。尹振祥特意叫了辆出租车在仰光市区转了转，街上虽然人少一点，但还平静。在酒店门前，一个缅甸保安问尹振祥，新加坡、韩国的专家都回国了，你们中国专家也要撤离吗？尹振祥一再说，我们是到期正常回国。保安轻声喟叹，如果中国专家也走了，那缅甸的损失就太大了。尹振祥暗忖，一个底层的安保人员，也在为国家经济形势担忧。

杜菁菁、杨鹤松上街去买面包，街头车辆稀少，商店大都关着门。他俩转到一个小巷子里，发现一家小餐馆正在营业。杨鹤松拿出手机准备拍张照片留作纪念，杜菁菁赶忙说："别、别，如果让他们发现我们是外国人，可能我们就走不了了。"他俩回到酒店不久，街上响起了枪声。

杜菁菁说，3 月 24 日他们乘坐的是下午 5：40 的航班，机场的人太多了，办各种手续就用了 5 个小时，办完手续，一分钟没耽搁，就开始登机了。

至此，第三批赴缅专家全部回到国内。但在我们紧邻的那块土地上，中国专家的扶贫故事还没有完。尹振祥说，在缅甸的朋友告诉他，缅甸新组建的合作社和农村发展部部长上任不久就专程到项目村去考察，对这个项目给予了很高评价。

姚倩说，按照上级领导的安排，下一步的工作任务是：在总结实施中国援缅甸减贫合作示范项目成功经验的基础上，计划在缅甸曼德勒省选择5个贫困村开展减贫合作，实施农村综合减贫项目。二期援缅项目还将沿用埃羌达村、敏彬村的合作减贫模式。